成 功 口

U0681486

别输在
不会表达上

陈瑶◎编著

中国出版集团
中译出版社

图书在版编目（CIP）数据

成功口才：别输在不会表达上/陈瑶编著．—北京：
中译出版社，2020.1
ISBN 978 - 7 - 5001 - 6150 - 9

Ⅰ.①成… Ⅱ.①陈… Ⅲ.①口才学 - 通俗读物
Ⅳ.①H019 - 49

中国版本图书馆 CIP 数据核字（2019）第 300801 号

成功口才：别输在不会表达上

出版发行／中译出版社
地　　址／北京市西城区车公庄大街甲 4 号物华大厦 6 层
电　　话／（010）68359376　68359303　68359101　68357937
邮　　编／100044
传　　真／（010）68358718
电子邮箱／book@ ctph. com. cn

策划编辑／马　强　田　灿	**规　格**／880 毫米×1230 毫米　1/32
责任编辑／范　伟　吕百灵	**印　张**／6
封面设计／泽天文化	**字　数**／135 千字
印　　刷／山东汇文印务有限公司	**版　次**／2020 年 3 月第 1 版
经　　销／新华书店	**印　次**／2020 年 3 月第 1 次

ISBN 978 - 7 - 5001 - 6150 - 9　　　　定价：32.00 元

前　言

有一则笑话，说有个人请客，看看时间过了，还有一大半的客人没来。主人心里很焦急，便说："怎么搞的，该来的客人还不来？"

在座的客人听到了，心想："该来的没来，那我们是不该来的啰？"于是有好几个悄悄地走了。

主人一看走了好几位客人，越发着急了，便说："不该走的客人反倒走了。"

剩下的客人一听，又想："走了的是不该走的，那我们这些没走的倒是该走的了！"于是就都走了。

这虽然是一个笑话，但生活中不乏因为不善表达而产生的矛盾。所谓"言者无心，听者有意"，就是这个道理。同样一个意思，用不同的方式来表达，其效果有天壤之别。李四没有遵守对张三的承诺，张三对李四说："你为什么要欺骗我？"这话可能引起李四的不快与反感，继而引发一场意气之争或口水之战。但若换成"你这样做让我很难过"，或许李四会心生内疚并极力弥补他的过失。

这只是日常生活中一个极其微小的例子，但从中可以看出口才的重要性。古文《尚书》有云："唯口，出好兴戎。"大意是：口可以说出良言而成为好人，也可以说出恶语而成为谗贼寇仇，这其中的分野在于口才的好坏。

会不会表达，关乎一生成败。遗憾的是，在我们身边，常常会看到有些人愿意穷其一生去学习各种专业知识，却忽略了表达能力的训练和提高。他们认为表达力不过是嘴上的花拳绣腿而已，中听不中用。

如果说语言是思想的衣裳，那么表达则是语言这件衣裳的裁缝。如何将语言裁剪成美丽得体的衣裳，需要你进行全方位的、持续的学习与努力。而擅长表达给你带来的不仅仅是沟通的顺畅，还能给你带来自信与融洽的人际关系。

一个人在别人面前、在众人面前，若能够清晰准确地、生动形象地表达出自己的思想和意念，这个人的自信心必定会大增，性格也会越来越温煦与美好。而人际关系的好坏和口才的高低更是有直接的关系，"良言一句三冬暖，恶语伤人六月寒"——怎样说、多说良言不出恶语，还真不只是个人的意愿问题，更涉及表达力的高低。

本书详细讲述了提升表达能力、提高口才水平的方法，让你在不同场合、遇到不同的人时，都能说出恰到好处的话。希望每位读者都能通过学习与练习，早日练就优秀的表达能力。

目　录

第一章
讲清道理：有理走遍天下

世间万物都存在一个"理"。"理"是自然界客观存在的一种规则，或是事物运行的一种规律，或是人与人约定俗成的一种规范。

以理服人是口才当中最为"名门正派"的功夫，相当于武林当中的少林、峨眉、武当等正门正派的"以德服人"。要想提升表达力，讲清楚道理是基本功。

宋玉辩诬的启示

宋玉，是战国后期楚国的一位文学家。不但文章出色，据说还仪表堂堂、英俊不凡。当时的大夫登徒子，曾在楚襄王面前攻击文学侍从宋玉"好色"，襄王便把宋玉找来问话。

宋玉辩解说："没有这回事。相反，好色的不是我，恰恰就是登徒子自己。"楚襄王问他有什么根据。宋玉就说自己有位邻家姑娘长得艳若天仙，没有一处不美。这位邻家姑娘，常常攀登墙头来偷看我，已经整整三年，我至今都没有搭理过她。

接着宋玉又说到登徒子，大意是："至于登徒子，就和我截然不同了。他的妻子蓬头垢面、耳朵痉挛，嘴唇外翻、牙齿参差不齐，弯腰驼背、走起路来还一瘸一拐的。这样的女人，登徒子却与之结为夫妻，已经同她生了五个孩子了。"

最后宋玉反问楚襄王："您看，我们俩究竟谁才是好色之徒呢？"襄王听了，觉得似乎也有道理，也就算了。

这是宋玉在《登徒子好色赋》中写的故事。故事中，宋玉用两个事实的对比，明显得出了"谁才是好色之徒"的答案，让襄王不得不信服。这个故事给我的启示是：在讲道理说服人时，要注意少说大道理，多用事实与事例。讲大道理容易出现一种教训人的腔调，何况不少人从小到大听了很多的大道理，早就麻木甚至反感了。

历史的事实也可以用来作为说理的依据。历史常有惊人的相似，因此有所谓"以古为鉴，可知兴替"一说。

1937 年 10 月 11 日，罗斯福总统的私人顾问亚历山大·萨克斯受爱因斯坦等科学家的委托，在白宫同罗斯福进行了一次会谈。会谈的主要目的是要求总统重视原子能的研究，抢在德国之前造出原子弹。

萨克斯先向罗斯福面呈了爱因斯坦的长信，接着读了科学家们关于发现核裂变的备忘录，然而，总统对这些枯燥、深奥的科学论述不感兴趣。虽然萨克斯竭尽全力地劝说总统，但罗斯福在最后还是说了一句："这些都很有趣，不过政府若在现阶段干预此事，似乎还为时过早。"

这一次的交谈，萨克斯失败了。

第二次，罗斯福邀请萨克斯共进早餐。萨克斯十分珍惜这个机会，决定再尝试一次。萨克斯知道总统虽不懂物理，但对历史却十分精通。

"英法战争期间，"萨克斯开始谈历史，"在欧洲大陆一往无前的拿破仑，在海战中却不顺利。这时，一位年轻的美国发明家罗伯特·富尔顿来到这位伟人面前，建议把法国战舰上的桅杆砍断，装上蒸汽机，把木板换成钢板，并保证这样便可所向无敌，很快拿下英伦三岛。但是，拿破仑却想，船没有帆就不能航行，木板换成钢板船就会沉没。他认为富尔顿是个疯子，把他赶了出去。历史学家在评价这段历史时认为，如果拿破仑采取富尔顿的建议，19 世纪的历史将会重写。"

萨克斯讲完后，目光深沉地注视着总统。他发现总统已陷入了沉思。过了一会儿，罗斯福平静地对萨克斯说："你胜利了！"

萨克斯激动得热泪盈眶，他明白胜利一定会属于盟军。

引用史实可以借助史实无可辩驳的说服力，生动形象而且引人入胜，有助于人们从中得出结论。

身边的事实更是不可错过的有力证据。《一个遗臭万年的日子》是美国第32届总统罗斯福的著名演说。全文不到1000字，列举敌国侵略罪行不用贬词，宣布如此令人愤慨的事件竟不见激昂。演说有分析、有判断、有决定、有抨击、有号召，但所有这些，都建立于陈述事实的基础上。事实是最有说服力的。在这个演说发表的第二天，美国即向全世界宣布——美国同日本处于战争状态。

我们引用事实进行说理时，要注意事实与观点的一致性，切不可让事实与观点相游离或相违背。卡耐基指出，没有比胡乱抽出一些个别事实和玩弄实例更站不住脚的。罗列一般例子是毫不费劲的，但这是没有任何意义的，因为在具体的情况下，一切事物都有它个别的情况。这就告诉我们，正面说理不但要引用事实，而且事实要典型，要具有普遍意义。

要有条不紊地表达

《战国策》中记载着这样一个故事，姚贾面对韩非的诽谤，用有条有理、逻辑严密的言辞逐一辩白，维护了自己的尊严。

燕、赵、吴、楚四国结成联盟，准备攻打秦国。秦王召集了大臣和宾客们商讨对策。秦王说："目前四国已经结成联盟，对秦不利，我国目前正处于财力衰竭的状况，百姓听到这个消息后都纷纷逃到其他国家去了，我们该怎么办呢？"大臣、宾客们都默不作声。姚贾说："我愿意出使四国，破坏他们的阴谋，阻止战争爆发。"

于是，秦王为姚贾准备了百辆车和千两黄金，并且，让他穿着自己的衣服，佩带自己的剑。于是，姚贾辞别秦王，拜访四国。姚贾此次出行，不但阻止了战事发生，还与四国建立了友好外交关系，秦王对此非常满意，并封他为上卿。

韩非得知此事后，对秦王说："姚贾用金银珠宝等贵重的礼品，出使荆、吴、燕、代等地，长达三年之久，这些国家未必是真心与秦合作。姚贾是想用大王的钱财，私自结交诸侯、权贵，请大王明察。再说，姚贾身份低微，只不过是魏都大梁一个守门人的儿子，曾在魏国有过偷盗的行为，虽然在赵国当过官，但是后来因种种原因被驱逐出境了，这样一个人，怎么能让他参与国家大事呢？"

秦王将姚贾叫来说："我听说你私下里用秦国的财产，去结交各国诸侯、权贵，有这样的事吗？"

姚贾说："有这样的事。"

秦王一听，顿时大怒："那你还有什么面目来见我？"

姚贾说："昔日曾参孝敬父母，任何人都希望有这样的儿子；伍子胥尽忠报主，每位诸侯都希望得到这样的臣子；贞女擅长女工，每一位男子都希望娶这样的女子为妻。我对大王忠心耿耿，可大王却不知道，如果我不把珠宝送给那四个国家的诸侯，怎么能让他们归顺秦国呢？大王再想想，如果我对大王不忠，那四个国家的国君又怎么能相信我呢？夏桀因听信谗言，而杀害了忠臣良将关龙逄，纣王因听信谗言，而杀了比干，结果国破身死。现在，大王又听信谗言，以后还会有忠臣为您出力吗？"

秦王说："我听说你是魏都大梁一个看门人的儿子，而且有过偷盗行为，虽在赵国做过官，但最后却被赵国驱逐出来了。"

姚贾不卑不亢地说："姜太公是一个被老婆驱赶出家门、连猪肉都卖不出去的齐人，在荆津时，即使做劳力都没有人雇佣，可最终却建立了丰功伟业。管仲只不过是齐国边界的一个小商贩，在南阳的时候非常贫穷，在鲁国时曾经被囚禁，最后却帮助齐桓公建立了霸业。百里奚只不过是虞国的一个乞丐，其身价只值五张羊皮，穆公任用他作为宰相，而使西戎各少数民族诚服。文公任用中山国的盗贼，而打了胜仗。这四位贤人，都没有显赫的身世背景，出身也并非高贵，甚至是曾被命运抛弃，可最终却取得了出色的成绩，主要原因是得到了明主的重用。倘若人人都像卞随、务光、申屠狄那样，谁还能心甘情愿为国效命呢？因此，英明的君主是不会计较臣子以往的过失、不会听信他人谗言的，他们只会考验臣子们的能力，然后加以重用。大凡能保住江山社稷的人，不会听信谣言，不会封赏没有功绩的人。这样，臣子们就不敢用虚名欺骗国君了。"

秦王说："的确如此。"于是，保留了姚贾的职务。

综观姚贾的自我辩白，有条有理、逻辑严密。我们在说理时，也要做到一件一件来、一条一条说，切不可东扯葫芦西扯叶，让人听了云里雾里。此外，不管引证了多少事实、典故，多少知识，都要纳入逻辑的轨道，才能具有无可辩驳的说服力。离开了逻辑规则，再生动的事例，再迷人的故事，你的听者都可能无动于衷。我们只有用逻辑的法则，把要表述的思想、事例、典故等材料有机地组织起来，组成很有逻辑性的讲话，才能达到正面说理的目的。

但有一点需要注意，在运用逻辑方法进行说理的时候，不能够讲歪理，说反逻辑，也就是将非正确的说成是正确的。事实胜于雄辩，任何不正确的事情一旦放在光天化日之下，都会露出马脚的。没道理的话听者不服，有道理没有事实，道理无所依托，听者口服而心并不一定服。所以说理时要以事实为基础。大家都有这样的体验，向人讲总结出来的一般原则，与介绍个性化的事例或实践经验相比，人们更容易接受后者。

讲清楚利害关系

"横看成岭侧成峰，远近高低各不同，不识庐山真面目，只缘身在此山中。"苏轼这首咏庐山的诗揭示了一个深刻的道理：处身其间的人，往往看不清事物的本质。

人们经常会被情感、欲望以及种种错综复杂的事件蒙蔽了双眼，以致不能明白一些最简单的道理。要想用语言打动别人，就常常需要帮助对方拨开眼前的迷雾，拓宽狭隘的视野。这就不仅需要一个如簧之舌，还要有透过现象抓住本质的锐利眼光。抓住问题的利害，条分缕析、一针见血，这样说出来的话就能掷地有声、振聋发聩。

卡耐基曾经租用纽约的一个饭店的会议室来举办讲座，每个季度需要使用20个晚上。但是刚租了一个季度，饭店就通知卡耐基：要求他付出比以前高3倍的租金。此时，讲座正办得红火，广告也已经在很多地方发布了，改换场地损失将是巨大的。看来，饭店也正是掌握了卡耐基生意红火、不愿意改换场地的心理，才敢漫天要价。

卡耐基非常不想换场地，同时也极其不想多付房租（特别是一下子涨了几倍）。怎么办呢？如果是你，会气愤，会发狂吗？

卡耐基很冷静。他找到饭店经理，对他说："收到你的信，我有点吃惊，但是我没有理由怪你，如果我是你的话，我也可能会这么做的。你身为饭店的经理，有责任尽可能增加饭店的收入。"接着，卡耐基话锋一转："但是你也不能不仔细考虑一下增加租金后的利和弊。"说着，卡耐基很快拿出一张白纸，在纸的中间画上一条线，一边写上"利"，一边写上"弊"。

在"利"这边，他写上：会议室空下来。然后他说："当然，你可以把会议室再租给别人开会或者举办讲座，这样你可以增加不少收入。但是，你得冒一定的风险，屋子不一定就能租出去。"他又拿笔在"弊"这边写："我无法支付你所要求的高额租金，所以，您不仅不能从我这儿增加收入，反而会减少你的收入。这是第一点。还有一个坏处，我的讲座将会吸引不少受过教育、水准很高的人到你的饭店来。这对你们饭店将是一个很好的宣传，不是吗？事实上，即使你花钱在报纸上做广告，也不一定像我的课程这样吸引这么多人来看你的饭店。"卡耐基写完，把纸递给饭店经理，恳切地说："我希望您能好好考虑这件事的利和弊，然后告诉我您最后的决定。"

第二天，卡耐基就收到了饭店经理的电话，说租金只涨50%，而不是300%。卡耐基欣慰地接受了这个折中的结果。

俗话说：有理行遍天下。"理"是规范大家行为的一把尺子，一个人不讲理，会损害其他人的利益，遭到其他人的唾弃、谴责与攻击。有理才会有利，而"趋利避害"是人之常理。因此，开门见山，直接告诉他人这样做的利、那样做的害，不失为一个可取的讲理方法。相信如果你是经理，也会这样做的。因为你也会被卡耐基所说服。而如果你是卡耐基，你会像他那么做吗？

有些人在说服他人接受自己的观点时，一开始就站错了队，他们总想达到说服他人的目的，却忽略了对方的感受，结果激起了被说服者的逆反心理。

在说服别人时，首先要站在对方的立场上，考虑问题的利害关系，把对被说服者有利的因素一一陈述出来，这样，被说服者会认为你是诚心诚意地为他着想，认为你是一个值得信任的人。这时，他的心理防线便会逐渐松弛下来。在这种情况下，就会很容易地实现说服目的。

说话时，如果只围绕自己的利益讲话，别人会怀疑你的动机，这是一种正常的心理状态。虽说"人之初，性本善"，但经过现实生活的洗礼，人们善良的本性也可能会有所改变，嫉妒、怀疑便成了现代社会的"特产"，有些人在这种"风气"下，会变得越来越敏感，越来越务实，凡是触及自己利益的问题，都要仔细斟酌。在这种大趋势下，如果说话时不注意这一点，很可能招人非议。

人们在利益面前，很少有躲避心理，当你站在被说服者的立场上考虑问题时，被说服者会认为你是在为他的利益着想。但是，如果直接说出来，他们往往会怀疑你的动机。因此，说服别人时要学会用利益去打动别人。利常在理中，利益清楚，理也就明白了。

我们说直接告诉别人利害关系，并非虚张声势的恐吓，或咄咄逼人的威胁。那种"如果你这样，我就要那样"的话，不是说理。恐吓与威胁，本身就是不讲理。说理要说得别人自己醒悟，心服口服。

公元前630年，晋文公和秦穆公联手进攻郑国，三下五除二就兵临郑国国都，把郑国国都团团围住。瓮中之鳖的郑文公失去主意，求老臣烛之武设法解围。当夜，烛之武趁着天黑叫人用粗绳子把他从城头上吊下去，私下会见秦穆公。

晋文公和秦穆公虽然结成了同盟，但作为春秋时期的两位霸主，他们之间也免不了常明争暗斗。烛之武巧妙地利用他们之间的矛盾，对秦穆公说："秦晋联军攻打郑国，郑国怕是保不住了。要是郑国灭亡对您的国家有好处，我就不会为这件事来烦劳您。从地理位置上讲，您的国家和咱郑国之间还隔着一个晋国，郑国灭亡后您要越过晋国来控制郑国，恐怕是难于做到的吧？您灭掉郑国只会加强晋文公的实力。秦晋本来势力相当，这回晋文公实力的加强，就是您实力的削弱。如果您放弃灭亡郑国，作为您东进路上的主人，您的外交使者的来往，郑国可以供给他们资粮馆舍，对您多少有点好处。"

看秦穆公似乎有所动，烛之武继续添了一把柴："再说，晋文公这个人你又不是不知道，他的欲望是很难满足的。您曾经对他有恩，他答应给您焦、瑕两地，可是他早上渡过黄河，晚上就在那里构筑好了防御工事，这事您是知道的。晋文公今日东进灭郑国，他日必然会西上攻秦。您难道忘了晋国假途伐虢的教训了吗？"

秦穆公是何等人，一听自然就掂量出轻重了。秦晋两国都是强国，他们结成"秦晋之好"灭郑，都是无利不起早，奔利而去的。可是经烛之武一分析，秦穆公发现在灭郑这场杀戮中，自己非但得不到丝毫好处，还存在极大的隐患，而得到好处的全是晋文公。而如果不灭郑的话，秦郑友好，郑做东方道上的主人，秦国便能得到好处。损人不利己的事情，本来就做着没意思，更何况损人兼损己呢？于是，当即顿首称是，遂与郑文公结盟，又派遣杞子、逢孙、杨孙等人在郑国戍守，然后撤军返归。晋文公见失掉同盟国家，也就没有继续进攻郑国。

由此可见，将事情掰开揉碎，利弊各自分开，无须多言，其理自明。俗话说：人不为己，天诛地灭。这话说得虽有点残酷，但的确也是人性的弱点。

运用好数据的力量

我们生活在一个数据世界里，我们每天所见、所闻、所思、所用的一切，几乎没有不涉及数据的。在这种情况下，人们对数据或多或少会产生麻木或厌烦的感觉。这种感觉客观存在。所以，除非必要，我们不要老是背书似的说出数据。一长串的冷冰冰的数据，让别人听了感觉缺少了人情味。

数据本身就是理性的，再无知的人、倔强的人、狡辩的人，在数据理性的光辉下也只能服气。老婆说我这个月的钱花多了，怎么8000元工资用半个月就没有了，菜都没要你买过啊。是啊，8000元也不是一个小数目，怎么半个月就没了？的确很有说服力。但且慢，我也有数据，买了一部手机2800元，周末全家去了康西草原，骑马带住农家乐花了小1000元，交了采暖费2800元，岳母生日寄了1000元，一共就7600元了，400块花在上班的中餐以及其他杂项上，不多吧？老婆只得承认的确不多。

在运用数据时，我们应该尽量给数据注入生命与活力，让其不那么僵硬。著名的民营企业家鲁冠球在记者问到万向集团的过去、现在与将来时，这样陈述："搞企业，阿拉伯数据是最有说服力的。万向集团30多年持续发展，用一句话来概括，就是——奋斗10年添个'零'。20世纪70年代，企业日创利润1万元，员工的最高年收入为1万元；80年代，企业日创利润10万元，员工的最高年收入为10万元；90年代，企业日创利润100万元，员工的最高年收入超过了100万元。2001年，企业日创利润300万元，员工的最高年收入为303万元。如今万向的发展正处于二次创业攻坚战的第一阶段，下一个奋斗10年添个'零'的目标是——到2010年实现日创利润1000万元，员工最高收入1000万元。"

鲁冠球的话，比我们常见的一些企业家喜欢用的诸如"艰难""挑战""奋起""自强""展望"之类的空话，要实在得多。既有条理，又有内容，一目了然。他所列的数据，也因为有了"奋斗10年添个'零'"这条主线，而不再那么枯燥僵硬。

让数据与你所面对的对象的联系更加密切，也是让数据"活"起来的一个方法。我们不妨举个例子来说明。假如你在会议上提出一个优化方案，开场白之一是这样的："如果公司采纳我的这项提议，则每个月可以为公司节省开支 35 万元。"开场白之二是这样的："如果公司采纳我的这项提议，则每个月可以为公司节省开支 35 万元，这笔钱若用在改善福利上，即使是只用 50%，每月我们人均也可以增加 800 元。"前后两个对比，无疑后者更令人感到有吸引力，不枯燥。

事实胜于雄辩，而铁的数据下面是铁的事实。值得在此提醒读者的是：数据的说服力建立在真实与准确上。虚构、编造的数据，或许也可以满足你一时的说服，但信用一旦破产，恐怕以后说什么也没人相信了。而模糊的数据，什么"大约是 XX""我估计达到 XX"之类的话，其说服力要弱得多。

因此，平常你不妨留心一些可能会用得着的数据，或者在与人谈论某件重要的事情前先搜集一些相关数据作为准备。这些数据来源越权威越好，你最好同时记住数据的来源，以便引用起来更有说服力。

有理也不要横着走

道理操之在手，天下虽任你走，但你也不能横着走。否则，有理也会变成无理。春风化雨的态度、谆谆诱导的言辞，比强硬的"讲理"要令人容易接受得多。大部分人一陷身于是非的旋涡，便不由自主地焦躁起来，一旦自己得了"理"便不饶人，咋咋呼呼，穷追不舍，非逼得对方鸣金收兵或竖白旗投降不可。然而，你施加的作用力太大，得到的反弹力也越大。我们自己也一定有这样的经历：其实自己心里也觉得别人说得对，但就是接受不了对方的态度，因此死扛着就是不改。结果沟通的目的没有达到，反而引起了单纯的口角之争，甚至从"嘴力"上升到"武力"，酿成悲剧的事都时有发生。

在一家西餐厅，一位顾客大声叫道："小姐！你过来！你过来！"等服务员来到跟前，该顾客指着面前的杯子，怒气冲冲地说，"看看！你们的牛奶变质结块了，把我一杯红茶都糟蹋了！"

"真对不起！"服务员赔不是地笑道，"我立刻给您换一杯。"新的红茶很快就准备好了，碟边放着新鲜的柠檬和牛乳。小姐轻轻地放在顾客面前，又轻声地说："我建议您，如果放柠檬，就不要加牛奶，因为有时候柠檬酸会造成牛奶结块。"

顾客听了，若有所悟，有点尴尬地点了点头，说："谢谢，实在不好意思。"

等那顾客走了，有人笑问服务员："明明是他老土，你为什么不直说呢？他那么粗鲁地叫你，你为什么不还以一点颜色。"

"正因为他粗鲁，所以要用婉转的方式对待；正因为道理一说就明白，所以用不着大声。"

理不直的人，常用气壮来压人，理直的人要用气和来交朋友。"即使是最深刻的言论，如果说的时候态度粗暴、傲慢或者吵吵嚷嚷，即便是在辩论上面获得了胜利，在别人心目中也是难以留下好印象的。"著名的人际沟通专家卡耐基这样告诫那些"理直气壮"的人。

除非是事关国计民生之类的大是大非，我们有必要理直气壮外，生活中的事情大多属于一般性的问题，没必要那么剑拔弩张。理直气要和，得理需让人。经常得理不让人的人，被人们称之为"刺头"，说明这种人不受欢迎。他们习惯于斤斤计较，和他们打交道很困难，很少人愿意跟他们交朋友，都对他们躲得远远地。他们感觉不到自己的问题，原因就在于认为自己占了理，他们最喜欢讲的一句话，就是按照规矩办事。殊不知你有你的规矩，人有人的规矩。什么是规矩并不那么清楚。只有自己的规矩，经常看到的是别人的错。他们的错误之所以难以改正，也正因为自己认为有理。理，本来是疏解矛盾的原则，可是到了得理不让人那里，反而成了矛盾难解的原因。天下本来就没有什么绝对的理，只强调自己的理，反而使得矛盾难以解决。设身处地，寻求双方都可以接受的方案，倒可以减少纠纷，增加合作的机会。

《菜根谭》中说："锄奸杜佞，要放他一条生路。若使之一无所容，譬如塞鼠穴者，一切去路都塞尽，则一切好物俱咬破矣。"所谓"狗急跳墙"，将对方紧追不舍的结果，必然招致对方不顾一切地反击，最终吃亏的还是自己。做事如此，说话亦然。

第二章
用足感情：情感能化坚冰

　　理性与感性交织在一起，组成了一个完整的人。

　　这个世界最难征服的不是山峰是人心。因此，我们以理服人，还得以情动人。"男儿有泪不轻弹，只因未到伤心处"，说的就是情感的力量。人类一切美好的情感，都具有无穷的力量。

用真诚赢得信任

1915 年，美国石油大王洛克菲勒的儿子小洛克菲勒，在处理一次工人大罢工时，就运用诚恳的演说，获得了工人的信任，从而缓解了矛盾。

在当时，科罗拉多州煤铁公司的矿工为了要求改善待遇，进行大罢工。罢工初期，小洛克菲勒动用军队来镇压工人，结果造成了流血冲突，不仅没有解决问题，反而使罢工的时间更延长下去，也影响了公司的正常生产。

面对这种情况，小洛克菲勒改变了方法，决定用柔和的手段处理矛盾。他深入到员工当中，并亲自到工人家中进行慰问，使双方的情感慢慢地好转起来，让工人看到了他的诚意。以后，他又叫工人们组织代表团，以便与合资方洽商和解。

小洛克菲勒看出了员工们已经慢慢开始信任他了，于是，便对罢工运动的代表们做了一次十分诚恳的演说。就是这一次演说，解决了两年来的罢工风潮。

在演讲中，小洛克菲勒深情地说：

在我有生之年，今天恐怕要算是一个最值得纪念的日子。我十分荣幸，因为能够和诸位认识，如果我们今天的聚会是在两个星期之前，那么，我站在这里就会是一个陌生人了；因为我对于诸位面孔的认识还只是极少数。我有机会到南煤区的各个帐篷里去看了一遍，和诸位代表都做了一次私人的个别谈话；我看过了诸位的家庭，会见了诸位的妻儿老幼，大家对我都十分客气，完全把我看作自己人一般。

所以，今天我们在这里相见，我们已经不是陌生人而是朋友了。现在，我们不妨本着相互的友谊，共同来讨论一下我们大家的利益，这是使人感到十分高兴的。参加这个会的是厂方的职员和员工的代表，现在蒙诸位的厚爱，我才能在这里和诸位相见并努力化解一切矛盾，彼此成为好友，这种伟大的友谊，我是终生不会忘掉的。我们大家的事业和前途，从此更是展开了无限的光明。

在我个人，今天虽然是代表着公司方面的董事会，可是，我和诸位并不站在对立的地位，我觉得我们大家都是有着密切的关系和友谊的。我们彼此有关的生活问题，现在我很愿意提出来和大家讨论一下，让我们一起从长计议，获得一个双方都能兼顾到的圆满的解决办法，因为，这是对大家有利的事……

小洛克菲勒的演讲，虽没有华丽的辞藻，但话语诚恳，引起了矿工广泛的共鸣，从而获得了员工的信任，慢慢地也就接纳了他提出的建议。

在现实生活中，人们总要与周围的人打交道，要想让人真心的接纳你，必须展现你的真诚。口才好的人未必要有流利的表达，真诚一样能说服人，能让你赢得顾客。当你用得体的话语表达出真诚时，你就赢得了对方的信任，他们就会真心接纳你。

一个长期搞推销的业务员对工作产生了怨言，他十分反感和厌恶长期以来用强颜欢笑、编造假话、吹嘘商品等招揽顾客的做法。这样的生活让他喘不过气来，为了摆脱这种压力，他决定对人要以诚相待，不对顾客讲假话，要以一颗真诚的心来对待他们，即使被解雇也无所谓。

但让他没有想到的是，当他真诚面对顾客的时候，他感觉自己的心情轻松了很多。有一天，当第一个顾客来到店里，问他店中有没有一种可自由折叠、调节高度的椅子时，他就搬来椅子，如实地向顾客介绍。他说："老实说，这种椅子质量不是很好，我们常常会接收到顾客的投诉和退货。"

顾客的回答却出乎他的意料："是吗？很多人家都用这种椅子，我看它似乎还挺实用的。"

但为了不欺骗顾客，他说道："也许是吧。不过，据我看，这种椅子不一定能升降自如。您看，没错，它款式新，但结构有毛病。如果我隐瞒它的缺点，就等于是在欺骗您。"

顾客吃惊地问："你说结构有毛病？"

业务员如实回答："是的，它的结构过于复杂精巧，反而不够简便。"

说着，业务员走近椅子，用脚去踩脚踏板。本来要轻踩，但是他一脚狠狠踩下去，使椅子面突然向上撑起，正好撞到顾客扶在上面的手上。业务员急忙道歉："对不起，我不是故意的。"顾客笑着说："没关系，不过我还要仔细看看。"

业务员说："没关系，买东西如果不精心挑选，会很容易吃亏的。您看看这椅子的木料，品质并非上乘，贴面胶合也很差。坦白地说，我劝您还是别买这种椅子，不如看看其他牌子的，要不到其他店看看也可以，说不定那里会有更好的椅子。"

顾客听完这番话，十分开心，就要求买下这把椅子。但是，等到这位顾客一走，业务员就遭到了老板的责骂，并要解聘他。当业务员整理东西，正准备打包回家时，店内突然来了一群人，争相购买这种椅子，几十把椅子一下子就卖空了。

可见，真诚不但能赢得员工的信任，还可以赢得顾客。一个真诚的人，他们往往会首先为对方着想。当对方觉得你诚实可靠，不会欺骗他时，他就会把你当做朋友，接纳你，信任你。直言不讳，是待人接物很重要的语言技巧。真诚的话语是一笔无形的精神财富，将这笔财富运用在求人办事中，定能有意想不到的收获。

让情感直入人心

被道理说服的人，是在"道理"的制约中按照你的想法去做。而被你的情感打动的人，是在"内心"的呼喊中按照你的想法去做。前者是：我必须那样去做，否则就是不讲道理。后者是：我必须那样去做，否则就是没有良心。两者之间没有高下之分，只是技艺不同而已。有的人吃硬（理），有的人吃软（情）。如此而已。

法国企业家拉蒂艾专程来到印度首都新德里，打算找拉尔将军谈一桩飞机销售的大买卖。

拉蒂艾在新德里几次约拉尔将军洽谈，都没能如愿。最后总算逮着通话机会了，可拉蒂艾只字不提飞机合同的事，只是说："我将到加尔各答去，这次只是专程到新德里以私人名义来拜访将军阁下，只要 10 分钟，我就满足了。"拉尔勉强地答应了。

秘书引着拉蒂艾走进将军办公室，板着脸嘱咐说："将军很忙！请勿多占时间！"拉蒂艾心想，太冷漠，看来生意十有八九要告吹了。

"您好！拉蒂艾先生！"将军出于礼貌伸出了手，想三言两语把客人打发走。

"将军阁下！您好！"拉蒂艾真挚、坦率地说："我衷心向您表示谢意……"

将军感到莫名其妙。

"因为您给了我一个十分幸运的机会，在我过生日的那一天，终于又回到了自己的出生地。"

"先生！您出生在印度吗?"将军微笑了。

"是的!"拉蒂艾打开了话匣子，"1929 年 3 月 4 日，我出生在贵国名城加尔各答。当时，我的父亲是法国歇尔公司驻印度代表。印度人是热情好客的，我们全家的生活得到了印度人民很好的照顾……"

拉蒂艾动情地谈了他对童年生活的美好记忆："在我过 3 岁生日的时候，邻居的一位印度老大妈送我一件可爱的小玩具，我和印度的小朋友一起坐在大象背上，度过了我这一生中最为开心快乐的一天……"

拉尔将军被深深感动了，当即发出邀请说："您能来印度过生日真是太好了，今天我想请您共进午餐，以示对您生日的祝贺。"

汽车在开往餐厅的途中，拉蒂艾打开公文包——不，不是飞机销售的合同样本，而是一张颜色已经泛黄的照片。拉蒂艾庄严肃穆的双手捧着照片，恭恭敬敬地展示在将军面前："将军阁下，您看这个人是谁?"

"这不是圣雄甘地吗?"

"是呀! 您再瞧瞧左边那个小孩，那就是我。4 岁时，我和父母一起回国，在途中很幸运地和圣雄甘地同乘一艘轮船，这张合影照就是那次在船上拍的，我父亲一直把它当这世上最珍贵的礼物珍藏着。这次，我要去拜谒圣雄甘地的陵墓……"

"您对圣雄甘地和印度人民的友好感情，我深表感谢!"拉尔说。

自然，午餐的气氛是极为融洽的。

当拉蒂艾告别将军时，这宗大买卖已经成交了。

试想，如果拉蒂艾一见拉尔将军，就大谈飞机业务，纵使他将道理讲得头头是道，估计也谈不成这笔大买卖。

著名人际沟通专家卡耐基，在他的著作《怎样使你的谈吐更动人》中说:"言传心声，动之以情，是任何消极对立的观点都难以招架的。"为了进一步说明，卡耐基谈到了自己的一次亲身经历。他曾经应邀作为一所大学演讲大赛的评委。参加最后冠军的角逐的是 6 个大学生。其中有 5 个大学生有过专业系统的演讲训练，但最终冠军被那位从来就没有接触过演讲的学生获得。那个获奖者是来自非洲的祖鲁人，其演讲题目为《非洲对现代文明的贡献》。卡耐基评价这个来自非洲的学生说:他在自己的每一句话里都倾注了深厚的感情。卡耐基领悟到:理性的光辉有时会令人站在远处难以靠近，感性的语言却可以拉近人心引起共鸣。

美国"二战"英雄麦克阿瑟将军，历来有"刚烈将军"之名。作为将一生献给军营的职业军人，他的身上更多的是铁的规矩与血的躁动。但"刚烈将军"也有柔情，在他告别国会大厦的演讲中，他用饱含情感的语言，打动了所有的听众，以及几十年来阅读到该演讲的人。这篇演讲叫《老兵不死，他们只是慢慢凋零》。限于篇幅，我们摘录其中两段如下，让读者自己体会体会"动情"的力量——

"当我听到合唱队唱的这些歌曲，我记忆的目光看到第一次世界大战中步履蹒跚的小分队，从湿淋淋的黄昏到细雨蒙蒙的黎明，在透湿的背包的重负下疲惫不堪地行军，沉重的脚踝深深地踏在炮弹轰震过的泥泞路上，与敌人进行你死我活的战斗。他们嘴唇发青，浑身污泥，在风雨中战斗着，从家里被赶到敌人面前，许多人还被赶到上帝的审判席上。我不了解他们生得高贵，可我知道他们死得光荣。他们从不犹豫，毫无怨恨，满怀信心，嘴边叨念着继续战斗，直到看到胜利的希望才合上双眼。这一切都是为了它们——责任——荣誉——国家。当我们蹒跚在寻找光明与真理的道路上时，他们一直在流血、挥汗、洒泪。"

"20年以后，在世界的另一边，他们又面对着黑黝黝脏脏的散兵坑、阴森森恶臭的战壕、湿淋淋污浊的坑道，还有那酷热的火辣辣的阳光、疾风狂暴的倾盆大雨、荒无人烟的丛林小道。他们忍受着与亲人长期分离的痛苦煎熬，热带疾病的猖獗蔓延羨兵地区的恐怖情景。他们坚定果敢的防御，他们迅速准确的攻击，他们不屈不挠的目的，他们全面彻底的胜利——永恒的胜利——永远伴随着他们最后在血泊中的战斗。在战斗中，那些苍白憔悴的人们的目光始终庄严地跟随着责任——荣誉——国家的口号。"

值得注意的是，在说话或演讲中，煽情时要控制住自己情感的状态，不能一味泛滥。毕竟我们不是为煽情而煽情，要知道收和放。煽别人的情，说自己的理。有些人讲到伤心处泣不成声，愤慨时词不成句，高兴时手舞足蹈，结果别人根本就听不清你说的是什么，无法和你产生共鸣。

用人情味引发共鸣

人情味是什么？要准确地定义还真不是一件容易的事情。抽象地说：人情味是人类情感互动的一种表现，引起他人的情感共鸣，或使他人感到温暖。人情味有一种说不出的滋味，是一种意味深长、耐人寻味的情感。

俗话说："人非草木，焉能无情？"人情味是以真诚为基础的，不是博爱而是关怀，不是表面的礼貌而是内心的尊重。人情味是一种克己谅人，是一种淡淡的味道，闻了沁人心脾。一个没有人情味的人，如同草木般独自枯荣一世。

美国前总统老布什在1988年与对手杜卡基斯对垒竞选总统时，之所以能战胜强敌，在很大程度上是因为他在电视辩论中的讲话比他的对手更富有人情味。1988年10月24日在电视上，他们两人进行了最后的公开辩论。在这难解难分的最后时刻，在公众面前谁的形象塑造得好，谁就能赢得更多选票。所以布什和杜卡基斯都对这次公开辩论异常重视，不敢掉以轻心。

当记者问"你是如何对付曾经刻骨铭心的困难"时，杜卡基斯这样回答："1978年，我在竞选麻省民主党州长候选人时落选，我感到十分痛苦。我知道，是我自己造成这次选举的失败。我没有去责备别人。然而，没有痛苦就没有前途，我从中悟出了不少道理——虽然失败了，但失败却丰富了我的人生。有幸的是我有一个非常幸福的家庭，我想假如你也有同样痛苦的时刻，那么你的家庭将会给你最强有力的全力支持。"

对同一个问题，老布什是这样回答的："我的孩子的死是我迄今生活中最痛苦的时刻。有一天，医生对我们说：'你们的孩子得了白血病。'我问他，这是什么意思。医生告诉我们：'这意味着她就要死了。你们必须决定，如何对她进行治疗。或者让她听凭自然走完这个过程——这样的话，她大约能活三个星期。'假如我们决定，不给她任何医治听凭其死去，那么我们会感到极大的痛苦。然而医治她，却要使这个幼小的孩子承受各种痛苦，我们实在于心不忍。但是，在我那坚强的妻子的帮助下，在温暖和谐的家庭支持下，我增强了信念，很好地处理了这件事。我的女儿又活了六个月。当然，要是在今天，她可能多活好几年。"

两相比较，杜卡基斯的话显然令人乏味，而布什则在政治辩论中跳出来大谈生活，极富人情味。布什虽然说的是一件伤心的事，但由于话语中含有人人——广泛处于社会各个阶层各个角落的父母子女都能体会到的浓烈的亲情，就像加过糖的咖啡一样，尽管底味有点苦，却恰到好处地托出了糖味的甘甜。布什的话成功地让选民觉得他是个可敬可亲的富有人情味的人，与杜卡基斯相比，他是总统更为合适的人选。正由于布什这段极富人情味的话赢得了不少善良选民的心，使本来与布什不相上下的杜卡基斯的形象在选民中急转直下，最后满怀遗憾地落选。由此可见，人情味在社会语言中很重要。人的感情总是可以相通的，只要不是故作多情，无病呻吟，在社交场合与人交谈时，我们就要恰如其分地使自己的话带有人情味，让人觉得你的话像加过糖似的，亲切、甜美而又切实可信。

我们在一开始进入社交场合，就得不断地提醒自己：在整个交谈的过程中，都应带有浓浓的人情味。中国有句俗话，叫"良言一句三冬暖"。古代大思想家荀子也说过"与人善言"，正是我们提倡的话语中所要讲求的人情味的真谛。

在拥挤的火车上，一位疲惫不堪的妇女，带着一个四五岁的孩子站了很久，也没有人让座。孩子指着坐在旁边的一个小伙子对妈妈说："妈妈，我累了，你跟这位叔叔说说，让我坐一会儿吧。"妈妈轻声地对孩子说："妈妈知道你是一个非常懂事的好孩子，叔叔也很辛苦，也很累，再坚持一会儿吧。"一番话说得小伙子再也坐不住了，站起来说："小朋友，你来坐吧，叔叔不累。"这样，小伙子主动让了座。

妈妈的话为什么有如此巨大的感染力？原因就在于她的话语能够克己谅人，充满了对别人旅途艰辛苦累的深深理解，有一种浓厚的人情味。话不多，情却浓。其所取得的实际效果是很明显的。

在人际交往中，人情味常以其产生的巨大征服力和凝聚力而备受青睐，给咖啡加点糖，给我们的谈话加点人情味，这样的语言将深得人心，何乐而不为呢！

学点敬语与谦辞

莎士比亚说："要是你想要达到自己的目的地，你必须用温和一点的态度向人家问路。"

中国自古有"礼仪之邦"的美称，加上一些传统的敬语与谦辞，使这种文化因此而更丰盛。在适宜的场合，年轻人若能适当地用一些传统的敬语与谦辞，既能够显示出一个人的修养，又能让对方产生好感。如：

初次见面说"久仰"，久别重逢说"久违"；

请人批评说"指教"，求人原谅说"包涵"；

求人帮忙说"劳驾"，求人方便说"借光"；

麻烦别人说"打扰"，向人祝贺说"恭喜"；

请人看稿称"阅示"，请人改稿说"斧正"；

求人解答用"请问"，请人指点用"赐教"；

托人办事用"拜托"，赞人见解用"高见"；

看望别人用"拜访"，宾客来至用"光临"；

送客出门说"慢走"，与客道别说"再来"；

陪伴朋友用"奉陪"，中途先走用"失陪"；

等候客人用"恭候"，请人勿送叫"留步"；

欢迎购买叫"光顾"，物归原主叫"奉还"；

对方来信叫"惠书"，老人年龄叫"高寿"；

自称礼轻称"菲仪"，不受馈赠说"反璧"。

上面这些客套话，都属敬语和谦辞，如能恰当运用它们，会让人觉得你彬彬有礼，貌若君子，很有教养。它可以使互不相识的人乐于相交，熟人更加增进友谊；请求别人时，可以使人乐于提供帮助和方便；发生矛盾时，可以相互谅解，避免冲突；洽谈业务时，使人乐于合作；在批评别人时，可以使对方诚恳接受。

在称呼方面也要注意一些问题，不可犯某主持人称别人父亲为"家父"的智障者错误。

称呼长辈或上级可以用老同志、老首长、老领导、老先生、大叔、大娘、叔叔、伯伯等；

称呼平辈可以用兄、姐、先生、女士、小姐等；

询问对方姓名可用贵姓、尊姓大名、芳名（对女性）等；

询问对方年龄可用高寿（对老人）、贵庚、芳龄（对女性）等。

敬语中，"请"字功能很强，是语言礼仪中最常用的敬语，如"请""请坐""请进""请喝茶""请就位""请慢用"等。"请"字带来了人际关系的顺利进展，交往的顺利进行。

谦语就是自谦的话，使用正确的谦语，能使对方与自己的距离缩短，为彼此的谈话奠定友好的基础和融洽的气氛。在社会上与人相处时，如果不会正确使用恰当的谦语，就会对自己造成不利的影响，引起别人的猜忌、困惑或反感，甚至使别人误会了自己的好意，从而给人留下不佳的印象，因此要格外谨慎地使用谦语。

谦语较敬语数量要少一些。如谦称自己用在下、鄙人、晚生等。

谦称家人可以用家父、家母、家兄、舍妹、小儿、小侄、小婿等。

当言行失误之时，说"很抱歉""对不起""失礼了""不好意思"等。

请求别人谅解之时，可说"请包涵""请原谅""请别介意"。

有些敬语或谦语是把日常使用语进行文雅化的修饰，而使之成为日常通用的谦让语。比如，把"我家"说成"寒舍"，把"我到您那儿去"说成"我去拜访您"，把"请您看看"说成"请您过目"，把"我认为"说成"以我的肤浅之见"，把"您收下"说成"请笑纳"等，都是这样的。

家中有客人来访时，端出茶点向客人说："你吃不吃?"这是很无礼的，应该泡茶一杯，说："请您尝尝看。"或说："请您慢用。"这才较为合适。

值得注意的是，敬语和谦辞不可滥用。如果大家在一起相处很久了，特别是非正式场合中，有时就可不必多用谦让语。熟人之间用多用滥了谦让语，反而会给人一种迂腐或虚伪之感。

当然在平时，即使你是率直、不拘小节的人，对别人说话时也应尽量注意礼貌及谦和的态度，如此习惯性地以诚恳的口吻说："请""谢谢""对不起""您好""麻烦您""抱歉""请原谅"等谦让语，必定会让他人对你心生好感。

勤感谢，多道歉

"早安""不客气""抱歉""欢迎"这些看似平常的话，在人际互动中却占有相当重要的地位。还有见面时的礼节、握手寒暄的方式、递名片及奉茶的方式等，这些都是不可忽视的。

有两句话更为重要，在不同时间、地点，不同对象，都随时随地可使用，时常挂在嘴边还能增进人际关系，那就是"谢谢"和"对不起"！

如何道谢？有两个重点。

第一，就算是小事一桩，也必须表示感谢。如果对方给了你一笔大生意或一次很大的援助，这种时候的"谢谢"，对方不会有太强烈的印象。但是，如果是请对方喝杯茶这种小事，却得到对方一句真诚的"谢谢"，那感受一定会很不一样。这种对小事表达的感谢之意，并非对方事先所期待，反而更能令人留下强烈的印象。

还有一点就是，虽然未曾从别人那里获得任何好处，也要说声谢谢。当对方仔细聆听自己说的话时，请发自内心地说声"谢谢"。即使是顾客的抱怨电话，在挂断时也要感谢地说："非常谢谢您宝贵的意见。"

不管是谁，其实都希望被人感谢，而且也会对感谢自己的人抱持好感。一般而言，被人认真且正式地表达谢意时，心中往往会自然而然地兴起一股欣悦之感，不管是个性多么恶劣的上司，或是态度非常差劲的顾客，一经别人道谢，心情就算再不愉快，也会按捺下怒气来。

所以，请从现在开始，习惯以"谢谢"作为结语。一句发自内心的"谢谢"，是待人处世中无须劳心劳力的最大服务。

能力强、地位高的人，更应该常常说"谢谢"。因为通常这些人很容易成为被嫉妒、被陷害的对象，当具有某些能力、地位时，更需要将"谢谢"挂在嘴边，这样一来，朋友更会聚拢过来，人际关系也将更良好。

我们在与人交往时，难免说错话、做错事，人非圣贤，孰能无过？如果我们能及时说声"对不起"，真诚地向对方道歉，往往能把大事化小，小事化了。

日常生活中，需要道歉的事情很多，大到不小心损坏了别人的重要物品，或者出言不逊伤了别人的自尊心；小到打断了别人的谈话，干扰了别人的工作，约会迟到了，公共汽车上踩了别人的脚等等，这都是难免的。问题就在于有没有勇气，有没有诚心向对方道歉。真正的道歉不只是认错，而是承认自己的言行给对方带来了伤害或损失。

向别人道歉时，除了要有诚意外，还须讲究一定的技巧和方法，避免不必要的争吵和冲突。那么，怎样向人道歉才能达到预期的目的呢？

1. 立即道歉

时间拖得越久就越难以启齿，有时甚至追悔莫及，所以，在发现自己的过错时，立即向对方说声"对不起"，这才是道歉的最佳时机。

2. 采用多种方式表达你的歉意

如果你的道歉一时还未能熄灭对方的怒火，那么不妨想点其他办法，让对方知道你有悔过的诚意。比如托人送件小礼物，间接帮助对方解决某些困难，或者写封信打个电话等。

3. 语气要诚恳，态度要自然

有些人知道自己的过错，也有心向别人道歉，但说话语气让别人听来显得不诚恳、态度傲慢。诸如冲着别人说："对不起，噢!""我说对不起你还不行吗?"这样的道歉不仅不能让对方接受，相反还会引起对方的反感。因此说"对不起"时，要面带微笑，语气低缓，使人感觉到你是真心悔过。有时在"对不起""抱歉"前面再加上"很""非常""实在""太"等表示加强的词语，更能体现你的诚心。

4. 主动承担责任

在道歉时，要主动承担错误的责任，说明引起错误的原因，但绝不能找借口或者把责任推卸给对方，即使自己只有部分责任，也要主动承担。主动为自己的行为承担责任，会鼓励对方也承担属于他自己的那部分责任。

说"我们"的妙处

与人交谈时，把"你""我"变成"我们"会有意想不到的好处。表明了"我"和"你"身上有一个叫"我们"的战壕，是同甘共苦的"兄弟"。经常把"我"字摆在前面，会给人留下独断专行、自高自大的印象，对与人交往有百害而无一利。如果能把"我"字变成"我们"，则显得非常谦虚，说出来的话别人也更愿意听。

一位先生对太太大手大脚很不满，经常劝太太说："您就不会省一点，我现在挣钱很困难，物价还涨得那么快，别的不说，总要为孩子的将来多准备一点教育储备金吧。"太太每次听了都没效果，有时还会引起争吵。苦恼的先生找到人际沟通专家咨询沟通方法。回家后，先调整了说话的方式，多说"我们"，少说"你"和"我"，结果效果非常理想。例如他在劝太太时，会说："我们最近花钱多了点……"甚至，他的建议"我们应该制订一个消费预算"还获得太太的认可并正式执行。前后的区别，就是"我""你"与"我们"的区别，前者有自私的指责味道，后者有共同承担的意思。

当然，"我们"也不能滥用。"我们的公司"可以说，"我们的妻子"可不能乱讲，乱讲说不定会挨嘴巴。此外，还要注意"我们"要用得顺畅，不要生硬，这样不但达不到目的，还会给人造成反感。

"我们"这个词，用得好具有神奇的魅力，它不但能给听话者带来亲切的感觉，还可以体现出讲话者的深明大义与宽广的胸襟。使听话者倍感尊重，而说话者也会有所收获。用这种双方受益的说话方式与人交谈，又何乐而不为呢？

小孩通常喜欢说"这是我的""我要……""你不许动我的东西"等，对于小孩子说出这样的话，人们可能不会在意，但如果这些话出自一个大人之口，就令人很难接受了。人们会将这类人归结在自私自利、以自我为中心的行列当中，这就相当危险了。究其原因是"我"字惹的祸。

顺便提及的是，很多时候，用"我"来代替"你"的表述也有很好效果。其具体举例说明。对方做错了事，说"你怎么会犯这样的错呢"，不如说"我感到很遗憾"或"我感到很伤心"。两者视错误的程度而定。如果有人没有遵守承诺，聪明的人从不指责他："你怎么不讲信用!"只会说："我很失望!"描述自己的心理，比指责对方的行为更有效。

在与人沟通中，除了要善于使用能阐明观点的话语外，还要懂得以情动人，多使用具有情感交流作用的词语来舒缓气氛、沟通心灵、理顺情绪。

第三章
嘴上抹蜜：让人如沐春风

赞美之言，犹如阳光普照万物，令身处其中的人如沐春风。赞美之言，犹如是一张甜蜜的罗网，令身处网中的人心甘情愿被俘虏。

成功的口才高手的出众之处就在于：知道如何恰当地赞美别人。

人性深处的渴望

古时有一个说客，当众夸口说："小人虽不才，但极能奉承。平生有一愿，要将 1000 顶高帽子戴给我最先遇到的 1000 个人，现在已送出了 999 顶，只剩下最后一顶了。"一长者听后摇头说道："我偏不信，你那最后一顶用什么方法也戴不到我的头上。"说客一听，忙拱手道："先生说得极是，不才从南到北，闯了大半辈子，但像先生这样秉性刚直、不喜奉承的人，委实没有!"长者顿时手捋胡须，洋洋自得地说："你真算得上是了解我的人啊。"听了这话，那位说客立即哈哈大笑："恭喜恭喜，我这最后一顶帽子刚刚送给先生您了。"

这虽然只是一则虚构的笑话，但谁又能否定我们身边没有类似的长者呢?

威廉·詹姆斯说："人性中最深切的禀质，是被人赏识的渴望。"林肯也说："每一个人都喜欢人家的赞美。"在美国芝加哥发生过这样一个案例：有位丈夫掐死了他的妻子，原因是他对妻子畅谈白天所发生的得意事时，发现妻子竟然睡着了。他感到异常恼怒，竟然失手就将妻子给掐死了。尽管这个案例有点极端，但也说明人对被尊重被赏识的渴望是何等强烈。

所以，我们在每天所到之处，不妨多说几句肯定别人的话、赞美别人的话，播下一些友善的种子。看到朋友买了一件新衣，不要忽视。称赞一下穿上去很合身、很精神、很漂亮或者很酷。

也可以打听一下价钱，"遇货添钱"的传统赞美手法，永远都不会过时。

不要说别人身上没有值得赞美的地方。世上没有完美的好人，同样也没有万恶的坏人。只要你愿意，总是能够在别人身上找到某些值得称道的东西，也总是可能发现某些需要指责的东西，这取决于你寻找的是什么。一位心理学家曾成功地改变一位被认为不可救药的儿童，他的方法就是善于发现他值得赞美之处。

孩子的父亲说："这是我见过独一无二的孩子，简直没有一点可爱的品质，没有一点。"于是，心理学家开始从孩子身上寻找某些他能给予赞美的东西。结果他发现这孩子喜欢雕刻，并且工艺很巧妙，而在家里他曾因在家具上雕刻而受到惩罚。心理学家便为他买来雕刻工具，还告诉他如何使用这些工具，同时赞美他："你知道，你雕刻的东西比我所认识的任何一个儿童雕刻得都好。"不久，他又发现了这个孩子几件值得赞美的事情。一天，这个孩子使每一个人都大吃一惊：没有什么人要求他，他把自己的房子清扫一新。当心理学家问他为什么这样做时，他说："我想你会喜欢。"

任何事物都有两面性，明白了这个道理，你就能从别人身上所谓的缺点中找到值得赞美的闪光点——

对热衷斗嘴的人，可以说："你说话很有逻辑。"

碰到喜欢啰唆的人："你很细心！"

面对敏感的人："你有艺术气质。"

对于顽固的人，你可以说："你很好，是一个有信念的人。"

挖掘值得赞美的"痒处"

搔痒要搔到痒处，这是一个很浅显的道理。同样，赞美别人也要赞到痒处。口才高手的赞美，高就高在能够发现平常人所未注意到的"痒处"，用语言作为搔痒的"搔子"，帮别人搔得神清气爽，五体通泰。

人云亦云的赞美虽然也是赞美，但也最多是聊胜于无的赞美而已。口才高手会努力去发现、挖掘别人所看不到的地方。你要是赞美袁隆平对于水稻培育甚至对于人类作出了多么大的贡献，虽然说的是事实，但他一定不会怎么在乎。因为这一块早就被众多高官、媒体以及千万张嘴赞美过了，早就结了厚厚的茧子，你的这一下搔过去，铁定没有任何感觉。口才高手的赞美就会不同，会发掘他不为大众所知的一面来赞美，夸他摩托车技术好，赞他饭菜做得好。这样效果一定会好很多。

爱因斯坦就这样说过，别人赞美他思维能力强，有创新精神，他一点都不激动，作为大科学家，他也听腻了这样的话。但如果赞美他的小提琴拉得不错，他一定会兴高采烈。巧的是，袁隆平也爱好拉小提琴，并且技术也不错，在公开场合有过即兴表演，或许从这个角度来赞美，是会有不错的效果的。

对于任何一个人而言，最值得赞美的，不应是他身上早已众所周知的明显长处，而应是那蕴藏在他身上，既极为可贵又尚未引起重视的优点。正如安德烈·毛雷斯曾经说过的："当我谈论一个将军的胜利时，他并没有感谢我。但当一位女士提到他眼睛里的光彩时，他表露出无限的感激。"

有一位非常精明强干的大商业家叫沃普尔，吉斯菲尔伯爵对他评价道："他的才干是无须别人赞美的，因为对于这一点，他自己知道得很清楚。他喜欢周旋于美女之间，有风流浮滑的名声，因此他愿意别人谈他温文尔雅。他在这一点上是极易被人赞美恭维的，这也是他常常爱好与人交谈的话题。由此可以证明，这是他的弱点所在。"

于是，我们找到一把钥匙来打开他人的渴望赞美的隐秘之门。只要你观察他们最爱谈的话题便可。因为言为心声，他们心中最希望的，也是他们嘴里谈得最多的。你就在这些地方去赞美他，一定能搔到他的痒处。

几句恰到好处的赞美，之所以起到金石为开的作用，皆因能找到各种不同的典型人物所偏爱的赞美。一个叫凯雷的人自己对赞美的妙处总结道："有一回，我得到机会对身居最高法院大法官的博罗试用赞美术。你知道，大法官总是铁面无私的一副面孔，其内心世界隐藏得很深，一般人想赞美他，恐怕马屁会拍到蹄上了呢。那时，博罗刚刚在西部某大学做完演讲。但我很明白，如果我对这位老先生说一些关于他的演讲的话，是不会讨好他的。因为演讲对他来说，已经是老调了，可以说犹如锦囊探物一般有把握。于是我对他说：'大法官，我真想不到一位主宰最高法庭的人，会这样富有人情味。'他立刻对我发出会心满意的微笑。"

"有不少人，他们喜欢听相反的话；更有许多的人，喜欢别人把他们当作有理智的思想家。有一回，我与一个人讨论一件颇有争议的社会问题，我对他说：'因为你是这样的冷静、敏锐，因此我想知道，我们究竟应该站在什么立场?'他听了我的话，立刻现出满面春风的样子，并详细对我说了他对此事的立场态度。原来此人是愿意人家说他是敏锐、冷静的。"

吉斯菲尔还告诉我们："几乎所有女人，都是很爱美的，这是她们最大的虚荣，并且常常希望别人赞美这一点。但是对那些有沉鱼落雁之容、闭月羞花之貌的倾国倾城的绝代佳人，那就要避免对她容貌的过分赞誉，因为她对于这一点已有绝对的自信。如果你转而去称赞她的智慧、仁慈，如果她的智力恰巧不及他人，那么你的称赞，一定会令她芳心大悦，春风满面的。"毫无疑问，吉斯菲尔的话，能启发我们赞美的思路。

相对搔在长了厚茧的麻木处来说，搔到别人疼处就更加失败与倒霉透顶了。大李去老吴家拜访，见墙上挂着一幅照片，照片上是一个十七八岁的女孩。大李问："这是……"老吴回答："哦，我女儿。"大李一阵猛夸孩子长得漂亮乖巧，赞老吴命好，却没有得到老吴多少回应。后来，大李才在偶然之中，从别人口里得知老吴的女儿在几年前因为车祸离开了老吴。虽说不知者无罪，但大李要是警醒一点的话，或者会话水平高一点，是不至于发展到拼命夸赞，甚至说什么命好之类的话去伤害老吴的。

赵总今年四十岁，但看起来比较显老。一天，来了一名新员工，在办公室聊天，新员工说赵总显得年轻。赵总就让他猜猜自己的年龄，新员工说："您最多五十。"赵总很失望地摇摇头，周围的老员工也忍不住在偷偷地笑。新员工连忙问："那我猜的与您的年龄相差多少呀?"赵总说："十岁。"新员工兴奋地说："您真显年轻，说您六十，我还真不信。"看看，又是一个蹩脚的"赞美大师"，老总长得太显老不是你的错，你眼拙猜错了十岁也就算了，无法更改了。为什么不在听说相差十岁时，把年纪往小十岁来说呢？"哎呀，您原来是四十岁，您看我真笨，猜得太离谱了！"管他到底是四十还是六十，反正就该往好的地方说。

由上面的两个例子可见，没有把握的事情，切不可随意贸然行事、放肆赞美。如果一定要赞美，不妨先尽量来点火力侦察，探探底，摸摸情况再作是否深入的定夺。

赞美力戒空洞乏味

有一次，我和几个朋友去拜访一位作家，谈到他新发表的中篇小说，有的说："写的真感人！"还有的说："我恐怕一辈子也写不出这么优秀的小说。"其中有一位朋友说得有点特色："常言道，文如其人。您的这个中篇，全文大开大合，显示了您为人的大气；行文洗练，和您做事干脆利落的风格一致；对小人物的细腻刻画中，又见您善良悲悯的人文情怀；写的虽是悲剧但没有过多地沉浸于伤感，而是将视角抬升到了产生悲剧的原因，说明您对社会有着深刻的思考。"夸文赞人，在行在理，独辟蹊径，巧妙地换了个新角度，令人耳目一新。他的赞美与众不同，技高一筹。

可见，见解深刻的赞美是多么与众不同。不仅能让人对你刮目相看，更重要的是：能让被赞美者产生真实的认同感，能让他产生与你积极沟通与交流的欲望。

大而泛之的"真好啊""真美啊"之类的赞美，虽也属于赞美，但让人感到乏味与空洞，受到你赞美的人也激不起多少惬意。如果碰上多心或不够自信的人，说不定还会引起困惑或不安：会不会是故意这样说的呢？难道……

打个比方，别人要你看一篇他发表的文章。你看完后，只知道说"好啊好啊"的，很难取得赞美的效果。好在哪？视角独特？结构严谨？行文雅致？字字珠玑？这些话不说到，难道是因为在他的文章中找不到半点此类优点，才不得不空泛地说好？

当然，世上的行业多如牛毛，我们不可能成为一个全才或通才。很多事物我们都没有拥有足够的知识去品味。这需要我们在平时有空多学习，扩大知识面。同时，对于你不具备基本知识的事物，在主动赞美时就应该避开。而在别人请你鉴赏或评论时，也可以实实在在地说明自己不懂，然后以外行的眼光简单地赞美也无可厚非。

赞美可以多种多样

在球场上，我们经常听到踢球或打球的小伙子们用粗俗的语言来赞美对方，大家不仅不觉得刺耳，反而觉得有一种十分朴实、真挚的情谊隐于其中，而受到夸奖者也不以粗话为不敬，相反，往往更加得意、十分快活，有时还会用粗话还击，将对方着实地再夸上一番。在一场足球赛中，一个小伙子截到球后，快速出击，左躲右闪，连过数人，飞起一脚攻破对方大门。只见胜方的队员们个个大喜，一个小伙子冲上去就给那位破门勇士一拳，大叫着："真是'牛'脚。"两人哈哈大笑。

可见，只要"骂"得得体，同样会有夸奖的效果。这大概正反映了男人们渴望挣脱枷锁、追求野性力量的一种心态吧！

赞美一个人，并不是做报告或谈工作，没必要十分严肃。赞美贵在自然，它是人际交往活动中在一定场景下的真情流露。僵硬、虚夸这样的赞美，即使是出于真心实意，也会让人反感、提防，甚至将你归于阿谀小人之列。所以，赞美的方式是多种多样，而且是千变万化的，在嬉笑怒骂间常可收到出奇的效果，从而增进你与朋友的友谊。

有位大学生，成绩总是第一，大家打心眼儿里佩服他、尊敬他。一次，他又考了第一名。在饭后的"侃大山"中，好几位同学都夸了他，却没有一位是用直接赞美的方式。一位同学故作心痛，手捂胸口，叹息道："既生我，何生你。"引得众人大笑。另一位作嬉皮笑脸状："今晚跟我去看录像吧，既然我赶不上你，把你拉下马也成。"而另一位同学则一副怒不可遏的样子："这日子没法过了。"惹得同学们一阵欢笑。那位成绩第一的同学也跟着大伙笑，并真诚地表示自己一定会尽全力帮助别人。他在同学们心中的形象更好了。

嬉笑怒骂皆赞美是要讲究对象、场合和方式方法的。如果不顾及你与对方的关系、所处的环境而滥用此法，别人就会觉得你不庄重、不真诚、俗不可耐，不但不能收到赞美对方的效果，反而影响了自己的形象。

一般来说，嬉笑怒骂应用于非正式的场合，如在聊天、锻炼、娱乐中，在比较正式的场合，特别是大庭广众之下，切忌这些太随便的方式。

另外，嬉笑怒骂用于青年人中间，特别是同学、朋友间比较合适。对话人之间应彼此熟悉，关系较为亲密。一般的朋友或初次见面时，则不宜采用此法。在有上、下级关系或长、晚辈关系的人之间，更不宜用嬉笑怒骂的方式来赞扬对方。

嬉笑怒骂还不宜使用得过于频繁。因为这种正话反说、随随便便的赞美方式本身就有一定的冒犯他人的性质，如使用过滥，不仅会使赞美串了味，使对方误以为你是在挖苦他，而且你个人的形象也会因此受到极大的损害。

把握好赞美的尺度

在与人交往时，有些人总是竭力恭维、美言别人。他们认为既然人都是喜欢听好话的，那么，自己多说好话自然就能取得好效果。殊不知别人并不怎么买好话的账。这是什么原因呢？

赞美并不等于善言，赞美适度才是善言。如果错误地把赞美当作善言，不分对象、不分时机、不分尺度，在交际中总是千方百计、搜肠刮肚找出一大堆的好话、赞词，甚至把阿谀当作善言，那么常常会事与愿违。

那么，如何准确地把握赞美，使赞美恰如其分而不失度地成为真正的善言，取得事半功倍的效果呢？

1. 因人而异，使赞美具有针对性

赞美要根据不同人的年龄、性别、职业、社会地位、人生阅历和性格特征进行。对青年人应赞美他的创造才能和开拓精神；对老年人则要赞美他身体健康、富有经验；对教龄长的教师可赞美他桃李满天下，对新教师这种赞美则不适当。

2. 借题发挥，选择适当的话题

赞美本身不是目的，而是为自荐创造一种融洽的气氛。比如看到电视机、电冰箱先问问其性能如何；看到墙上的字画就谈谈对字画的欣赏知识，然后再借题发挥地赞美主人的工作能力和知识阅历，从而找到双方的共同语言。

3. 语意恳切，增强赞美的可信度

在赞美的同时，准确地说出自己的感受，或者有意识地说出一些具体细节，都能让人感到你的真诚，而不至于让对方以为是过分的溢美之词。如赞美别人的发式可问及是哪家理发店理的，或说明自己也很想理这样的发式。美国前总统罗斯福在赞扬英国前首相张伯伦时说："我真感谢你花在制造这辆汽车上的时间和精力，造得太棒了。"总统还注意到了张伯伦曾经费过心思的一个细节，特意把各种零件指给旁人看，这就大大增强了夸赞的诚意。

4. 注意场合，不使旁人难堪

在多人在场的情况下，赞美其中某一人必然会引起其他人的心理反应。假如我们无意中赞美了某职称晋升考试中成绩好的人，那么在场的其他参加考试但成绩较差的人就会感到受冷落、挖苦。

5. 措辞适当，不使人产生误解

在现实生活中往往会出现这样的事情，说话者好心，而听话者却当成恶意，结果弄得不欢而散。我们要尽量使赞美的语意明确，避免听话者多心。

6. 适度得体，不要弄巧成拙

不合乎实际的赞美其实是一种讽刺，违心地迎合、奉承和讨好别人也有损自己的人格。适度得体的赞美应建立在理解他人、鼓励他人、满足他人的正常需要及为人际交往创造一种和谐友好气氛的基础之上。

在这个物价高涨的社会，美丽的辞藻定是为数不多的免费"物资"之一。你不用花钱，就可以拿赞美当礼物送给别人。而接受你礼物的人，会回馈你感激与友好。除此以外，你还将享受感激与友好带来的一切回报。

大方地接受对方的称赞

一般年轻小姐都喜欢接受赞美。对她们说："你的烹调手艺真不赖。你的先生真幸福，每天都能尝到你亲手做的菜。"听到这种赞美，她不免会害羞脸红。无论是谁，见到这种高兴的表情，都会感到舒坦。能坦然接受赞美，别人也乐于称赞，这有一定的道理。

相反，对他人的称赞毫无反应，将会带来什么后果呢？有一次我到朋友家拜访，听到他儿子在弹吉他，曲子是首乡村音乐，的确悦耳动听。

在晚餐席上，我对他儿子说："白天听到你弹吉他，弹得非常好。"不料他却表示："没什么，任何人都能做到。"一副冷冰冰的样子。结果我无法再谈下去，气氛顿时变得十分尴尬。

的确，在中年人眼中，某种技能高手是让人羡慕的，年轻人或许以为那只是雕虫小技，所以对别人的称赞才不以为然。但为保持基本礼貌，还是不妨稍做不好意思或兴奋状。

接受上司称赞也一样。"这次你的报告写得非常好，分析既正确又缜密。"那么，可大大方方接受，表示："谢谢，我的确是相当认真的。"

如果这样回答："哪里，那份报告连我自己都不满意。"如此谦虚反留给对方傲慢的印象。

在与外国朋友交往或沟通时，千万不要使用中国式的"谦虚"。不是常有这样的例子吗？中国人请外国人到家里赴宴，主人总是"谦虚"地讲："没什么菜，凑合吃吧。"或是"做得不好，请多包涵。"面对满桌丰盛的饭菜，外国客人总是纳闷儿："这么多菜还没什么菜，你们究竟是不是嫌我太穷。"要么就是想："做得不好，你请我来干吗，成心欺负我呀！"因此，面对别人的称赞，一定不要使用贬低自己的"谦虚"，不要让别人感到虚伪得很。

另一方面，当别人称赞时，只是轻描淡写一句："哦，是吗？"同样会容易引起对方的不悦。因此还是坦然接受，表示很高兴。

而上司给予赞美，当然也期待有所回报，希望你的工作表现能不断进步。一旦获得美言后表现就退步，上司可能会误以为，你上次表现良好只是凑巧。

第四章
类比说服：复杂事物简单说

　　类比说服，是历代口才大师的惯用话术。翻开老庄的言论，阅读《战国策》中那些纵横家的高论，类比的运用随处可见。类比能够化繁为简，通过对方所熟悉的事物来说明对方所不熟悉的事物，或通过简单的道理来说明复杂的事物。用类比来说明问题非常形象，深受大家接受与欢迎。

跟先哲庄子学类比

先哲们说话从来就不晦涩难懂，他们有一个共同的特点，就是喜欢利用平常之事物，来诠释（类比说明）其思想。庄子就是其中一个佼佼者。

一次，庄子与弟子走到一座山脚下，见一株大树枝繁叶茂，耸立在小溪旁，特别显眼。庄子忍不住问伐木者："请问师傅，如此好大木材，怎一直无人砍伐？以至独独长了几千年？"伐木者似对此树不屑一顾，道："这何足为奇？此树是一种不中用的木材。用来作舟船，则沉于水；用来作棺材，则很快腐烂；用来作器具，则容易毁坏；用来作门窗，则脂液不干；用来作柱子，则易受虫蚀，此乃不成材之木。不材之木也，无所可用，方才能有如此之寿。"

听了此话，庄子忙对弟子说："这棵树因为没有用而终其天年，这种无用难道不是有用，无为难道不是有为？"庄子又说："树无用，不求有为而免遭刀斧的砍伐；白额之牛，亢鼻之猪，痔疮之人，巫师认为是不祥之物，因此在祭河神时才不会把它们投进河里；残废之人，征兵不会征到他，故能终其天年。形体残废，尚且可以养身保命，何况德才残废者呢？树不成材，方可免祸；人不成才，亦可保身也。"庄子愈说愈兴奋，总结性地说，"山上的树木有用处，招来折扭砍伐。油脂可以燃烧照明，被人取去煎熬。桂树可作食用调味，所以遭到砍伐，漆树的漆可供人使用，所以遭到切割。人们都知道有用的用处，却不知道无用的用处啊。"庄子的这番话，用树、牛、猪等遭遇，类比至人，弟子们听了个个恍然大悟，点头不已。

一天，庄子正在涡水边垂钓。楚王委派的两位大夫前来请他出山为官："我们大王久闻先生贤名，欲以国事相累。深望先生欣然出山，上以为君王分忧，下以为黎民谋福。"庄子持竿不顾，淡然说道："我听说楚国有只神龟，被杀死时已三千岁了。楚王珍藏之以竹箱，覆之以锦缎，供奉在庙堂之上。请问二大夫，此龟是宁愿死后留骨而贵，还是宁愿生时在泥水中潜行曳尾呢？"二大夫道："自然是愿活着在泥水中摇尾而行啦。"庄子说："那么，二位大夫请回去吧！我也愿在泥水中曳尾而行哩。"

有个拜会过宋襄王的人，得到了宋襄王赐予的车马十乘。该人依仗这些车马在庄子面前来来去去地炫耀。庄子说："河上有一个家庭贫穷靠编织苇席为生的人家，他的儿子潜入深渊，得到一枚价值千金的宝珠，父亲对儿子说：'拿过石块来锤坏这颗宝珠！价值千金的宝珠，必定出自深深的潭底，黑龙的下巴下面，你能轻易地获得这样的宝珠，一定是正赶上黑龙睡着了。倘若黑龙醒过来，你还想活着回来吗？'如今宋国的险恶，远不只是深深的潭底；而宋襄王的凶残，也远不只是黑龙那样。你能从宋王那里获得十乘车马，也一定是遇上宋襄王睡着了。倘若宋襄王一旦醒过来，你也就必将粉身碎骨了。"庄子的这席话，可谓一针见血。

惠子是庄子的好朋友，在梁国做宰相。庄子想前往看望他。人还未到，就有人对惠子说："庄子来梁国，是想取代你做宰相。"

惠子一听，心里开始打鼓。于是，就发动他手底下的人到全国去找庄子，想阻止庄子见梁王，一连找了三天三夜也没有找到。庄子听说这个事，就上门找到惠子，说："南方有一种鸟，它的名字叫凤凰，你知道吗？凤凰从南海出发飞到北海，不是梧桐树它不会停息，不是竹子的果实它不会进食，不是甘美的泉水它不会饮用。这时，一只猫头鹰找到一只腐烂了的老鼠，凤凰刚巧从空中飞过，猫头鹰抬头看着凤凰，连忙护住腐烂的老鼠，并发出怒叱：嚇！如今你也因为你的梁国来怒叱我吗？"

庄子再次用奇幻的类比，将自己的心思表露得清清楚楚。惠子听了，自然也完全相信庄子的话，不再起任何怀疑之心。

类比能够化繁为简，通过对方所熟悉的事物来说明对方所不熟悉的事物，或通过简单的道理来说明复杂的事物。用类比来说明问题非常形象，深受大家接受与欢迎。

用类比来说明事理

用类比来说明事理，或说服他人，适宜从彼此身边的事物着手。这样显得不突兀，彼此的交流也没有认知上的障碍，能更加清晰准确地将所要表达的意思传递给对方，从而取得对方的理解、认同与支持。

伽利略年轻时就立下雄心壮志，要在科学研究方面有所成就。但他的父亲更希望他去研修神学，因为那个时代学习神学能有一个更稳妥与体面的未来。伽利略想说服父亲支持自己，但几次努力都没有成功。后来，伽利略用了一点小小的计谋，终于说服改变了他父亲的立场。

伽利略没有一开始就谈正题，而是先从身边的事情开始："爸爸，我想问您一件事，是什么促成了您同母亲的婚事？"

父亲回答："我爱上她了。"

伽利略又问："那您有没有打算过娶别的女人？"

"没有，孩子。家里的人要我娶一位富有的女士，可我只钟情你的母亲，她从前可是一位风姿绰约的姑娘。"

18岁的伽利略得到了他所想要的回答后，便切入正题："您说得一点也没错，她现在依然风韵犹存，您不曾娶过别的女人，因为您爱的是她。您知道，我现在也面临着同样的处境。除了科学以外，我不可能选择别的职业，因为我喜爱的正是科学。别的对我而言毫无用途也毫无吸引力！难道要我去追求财富、追求荣誉？科学是我唯一的爱，我对它的爱有如对一位美貌女子的倾慕。"

用父亲对母亲的深爱，来类比自己对科学的深爱；用父亲对母亲的忠贞不渝，来类比自己对科学的忠贞不渝。伽利略的这种类比的说明方法，无疑比那些"我很爱科学""我一定要学习科学"之类的话更能让父亲明白他内心的迫切。父亲一旦明白了伽利略对科学的身心迷醉，就容易理解与支持伽利略了。于是，他们的话题开始朝着如何去学习科学的方向走，而不再是巍然在该不该学习科学这个问题。

用类比来说事明理，既是一种技巧与方法，更是一种智慧，常常能收到意想不到的效果。

诸葛恪是诸葛亮的侄子，其聪明机智颇有诸葛世家的风范。有一次，诸葛恪给孙权献了一匹良马，先把马的耳朵穿了洞。范慎见了，嘲弄诸葛恪道："马虽然是一个牲畜，但也禀气于天，现在你将它的耳朵弄了一个洞使它残缺，真是太不仁慈了!"

诸葛恪回答："做母亲的对于自己的女儿，真是恩爱至深的，她不仅穿了女儿的耳朵，还给她挂上珠链，难道就不仁慈了?"

诸葛恪将自己在马耳上穿孔和母亲给女儿戴耳环耳坠类比，从母亲的举动没有伤害仁慈，来说明自己在马耳上穿洞也没有伤害仁慈。

人和马本来就不是一类。母亲给女儿穿耳带环，和人在马耳上打洞也相去甚远。但都是在耳朵上打眼，这一点是一样的。这样，类比反驳的本相与类像之间就有了相通。难怪范慎当时听了之后，一句话也说不出来。

类比一定要用大家都熟悉的事物，这样才能达到便于理解的目的。否则，越比越晦涩、越难懂，还不如不比好。而身边的事物，则是大家都熟悉的。例如一个学建筑的文学青年向一位作家讨教，作家看了青年的习作后，这样说："写文章其实和建房子差不多，建房子首先要图纸，写文章首先也要有构思；房子的设计如果和大家造的差不多，就没有任何看头，写文章也是如此，要有新意；房子设计得有新意，但看上去要让人觉得比例协调，不能一味求新而不顾视觉美学，写文章也是如此……"作家对青年说了这样一通话后，再具体针对青年的习作提出了自己的看法与意见，让青年不禁有茅塞顿开、豁然开朗的感觉。

毛泽东也是一个很善于运用类比的说话高手，他经常用身边熟悉的事物来表达自己的思想与看法。例子不胜枚举，我们且看一例。在《反对党八股》中，他这样说："我们每天都要洗脸，并且许多人不止洗一次，洗完之后还要拿镜子照一照，要调查研究一番，生怕有什么不妥当的地方。你们看，这是何等的有责任心呀！我们写文章，做演说，只要像洗脸这样负责，就差不多了。拿不出来的东西就不要拿出来。须知这是要去影响别人的思想和行动啊！一个人偶然一天两天不洗脸，固然也不好，洗后脸上还留着一个两个黑点，固然也不雅观，但倒没有什么大危险。写文章做演说就不同了，这是专门影响人的，我们的同志反而随随便便，这就叫作轻重倒置。"通过洗脸这件日常生活中司空见惯的事情，说出了自己对于写文章的见解，让人听了不得不信服。

抓住对方的兴趣点

有人喜欢钓鱼，那么你和他谈论钓鱼一定是他所喜欢的。谈论别人喜欢、钟爱、擅长的事物，让对方眉飞色舞，这是与人开心闲聊的一个小技巧。口才高手们不光在闲聊中善于运用这一战术，在说服、规劝中，也善于运用这一战术，并能通过这一战术用类比的桥梁，把自己真正想要传递的思想传送到对方心里。

战国时期有一位叫邹忌的纵横家，想规劝沉湎声色、荒芜朝政的齐威王，顺便在他那里谋个大好前程。他将运用何种方式去说服这个大王呢？

邹忌走进内宫聆听钟爱音乐的齐威王弹琴。听完后，他连声称赞道："好琴艺呀！好琴艺……"齐威王不等邹忌称赞声落音，连忙问道："我的琴艺好在哪里？"邹忌躬身一拜道："我听大王那大弦弹出来的声音十分庄重，就像一位明君的形象；我听大王从那小弦弹出来的声音是那么清晰明朗，就像一位贤相的形象；大王运用的指法十分精湛纯熟，弹出来的个个音符都十分和谐动听，该深沉的深沉，该舒展的舒展，既灵活多变，又相互协调，就像一个国家明智的政令一样。听到这悦耳的琴声，怎么不令我叫好呢！"

知音啊，钟子期在鉴赏伯牙的琴声时，也不过如此吧。齐威王听了这些话，心里简直就像喝了蜜一样的甜，心里一下子就将邹忌引为知音。

邹忌接着说道："弹琴和治理国家一样，必须专心致志。七根琴弦，好似君臣之道，大弦音似春风浩荡，犹如君也；小弦音如山涧溪水，像似臣也；应弹哪根弦就认真地去弹，不应该弹的弦就不要弹，这如同国家政令一样，七弦配合协调，才能弹奏出美妙的乐曲，这正如君臣各尽其责，才能国富民强、政通人和。弹琴和治国的道理一样呀！"

齐威王说："先生，你的乐理是说到我的心坎里，但是光知道弹琴的道理还不够，必须审知琴音才行，请先生试弹一曲吧。"邹忌于是离开琴位，两手轻轻舞动，只摆出弹琴的架势，却并没真的去弹。齐威王见邹忌如此这般，恼怒地指责道："你为何只摆空架子不去真弹琴呢？难道你欺君不成？"

邹忌答道："臣以弹琴为生业，当然要悉心研究弹琴的技法。大王以治理国家为要务，怎么可以不好好研究治国的大计呢？这就和我抚琴不弹，摆空架子一样。抚琴不弹，就没有办法使您心情舒畅；您有国家不治理，也就没有办法使百姓心满意足。这个道理大王要三思。"

　　齐威王这人其实并不昏庸愚钝，只是过于贪玩而已。听了邹忌的话，他幡然醒悟，当即请封邹忌任相国，和邹忌大谈治国定霸大业，并封赏下邳（今江苏邳州市西南部）给邹忌，称成侯。

　　邹忌的这次"推销"（既推销自己又推销自己的理念），完全是口才界的巅峰之作。他先用有理有据、字字珠玑的语言，赞美了齐威王最引以为豪的琴艺，在这位君王最钟情的音乐领域说得头头是道。这个前奏，消除了威王与自己初次见面的警惕，以及两人间尊卑悬殊的隔膜。总之，将不利沟通的障碍一举铲除。这属于赞美范畴，关于赞美，我们在后面将有专门的文字详细讲解，在此不做深入探讨。

　　在取得齐威王好感后，邹忌就使出了"类比"的绝学。把弹琴和治理国家作了天衣无缝的类比，齐威王听了不得不说："你的乐理是说到我的心坎里。"但齐威王似乎不怎么想和邹忌谈论国事，他那时更钟情于琴艺。他想考考这个将乐理讲得天花乱坠的家伙，看看他是否只是知道"谈琴"而不会"弹琴"。于是齐威王将邹忌请到琴位，要他试弹一曲。

　　邹忌哪会上当？不说他的琴艺是否真的高超到能受到专家级的齐威王的赏识，就是能受到赏识也无非是赏赐一个宫廷乐师之类的职位，这完全背离了与齐威王"谈琴"的初衷。所以，他是绝对不愿意去"乱弹琴"的。于是，只见邹忌两手轻轻舞动，只摆出弹琴的架势，却并没真的去弹。齐威王不干了，一顶"欺君"的大帽子轰然而至，这可是死罪！

　　邹忌的应对措施，是继续"类比"。这次的类比，他的道理更加深入了。说我抚琴不弹是摆空架子，可您抱着国家的"琴"也没有什么动作。又说我抚琴不弹不能让您心情舒畅，您的国家不治理也不能使百姓心满意足。

至此，邹忌再次将话题回归到国事之上，什么"欺君"的帽子连摘都不用摘就化为无形。响鼓不用重锤敲，邹忌的锤已经够重了。齐威王这面响鼓，终于发出了"咚咚咚"激昂的响声。

综观邹忌的这次上谏之语，主次分明条理清晰，起承转合顺畅圆润，类比说明严丝合缝，轻重缓急拿捏到位，值得我们学习的点非常之多。

具体到类比在口才中的运用问题，从对方钟情、擅长的事物入手，其好处有二：首先，对方有兴趣听，听得专心与用心；其次，省得讲大篇的道理，因为道理他本来就明白，或一说就明白，你只需要点出来再移植到所要类比的事物上就行了。多年前，我要离开湖南的老家来北京闯荡，父亲是最大的反对者。为了说服他，我从他最喜欢摆弄的室内盆景说起，谈到家里的盆景为什么长得不高大，是因为没有足够多的土壤。还谈到家里的盆景为什么容易生病夭折，是因为没有经历外面风雨的洗礼……这个话题父亲很愿意和我谈，这个道理他也懂得很透彻。然后，我将自己在家乡的小城、在父母的羽翼下的生活和盆景作了类比，告诉父亲：要想我成材，要趁我还年轻，还没有完全长成柔弱的盆景之前，赶紧出去找一块更宽广的土壤，去经历一下风雨。父亲沉默了一阵子，之后再也没有反对过我外出求发展。

通过故事讲清道理

很多时候，讲道理不如讲故事更能让人明白与接受道理。在家庭里对孩子的教育尤其如此。近年，甚至职场也流行管理者用讲故事的方式来教育、点拨下属的风气。这说明用讲故事这种潜移默化的方式来沟通，有很好的效果。

单纯的讲故事，可能与类比无关，无非是增加谈话的趣味性，或者增强知识性。但如果用对症下药式的故事去说明一个道理，去点拨对方，则属于一种高超的类比口才了。如果我们再对历代能言善辩的人稍微留心，就会发现他们个个都是讲故事的高手，他们通过一个又一个有趣的故事，来将自己的思想有效地传递给对方。

我们还是以邹忌这个口才高手的故事为例子。邹忌靠"谈琴"上位之后，齐威王虽然幡然醒悟，但国内混乱的场面还是得一步一步规范。各项规章制度，也得一个一个地实施。

邹忌想要齐威王通过广纳群言来兴利除弊，于是他找到齐威王。但邹忌并不直接谈正题，他先说了一个发生在自己身上的故事。

邹忌在早晨穿戴好衣帽，端详着镜子里自己的形象时，对妻子说："我与城北徐公相比，谁更美？"他妻子说："您美极了，徐公哪能比得上您呢？"城北的徐公是齐国的美男子。邹忌不相信自己比徐公美，又问他的妾说："我与徐公相比，谁更美？"妾说：

"徐公哪能比得上您呀!"第二天，有客人从外面来拜访，邹忌与他相坐而谈，问他："我与徐公相比，谁更美?"客人说："徐公比不上您美。"第三天，徐公来了，邹忌仔细地看他，自认为不如徐公美；又对着镜子审视自己的形象，更感觉远不如徐公美。晚上睡觉时思考这件事，说："我妻子说我美，是因为偏爱我；妾说我美，是因为怕我；客人说我美，是因为想要有求于我。"

邹忌把上面这个故事说给了齐威王听，并又开始施展他精通的类比战术："我确实知道自己不如徐公美。可是我的妻子偏爱我，我的妾怕我，我的客人想要有求于我，都认为我比徐公美。现在齐国的土地方圆千里，有一百二十座城池，宫里的王后嫔妃和亲信侍从，没有谁不偏爱大王，满朝的大臣，没有谁不害怕大王，全国范围内的人，没有谁不有求于大王。由此看来，大王所受的蒙蔽太严重了。所以，大王您应该贴出告示，招引天下贤才，广纳群言方不至于偏听偏信。"

结果，邹忌这次又成功了。邹忌以家事类比国事，没有半点大道理，深入浅出，通俗易懂。

其实，我们也经常听别人讲故事或自己讲故事给别人听，但更多的时候是用在闲聊上。如果能将思路放开些，采用一些故事类比，以支持自己的建议或论据，是一个很有效的方法。

战国时期，齐国的公子孟尝君应邀去秦国。因为当时秦国和齐国关系并不怎么好，孟尝君去了可能会有危险。所以劝他别去的人非常多，可孟尝君认为自己若不去的话就失去信用，坚持要去。

丞相苏秦上门想规劝，可是孟尝君却说："人间的事，我全都知道啦；没听过的，只有鬼怪的事了。"摆明了是不想听苏秦的话嘛。苏秦就说："臣这次来，本来就不敢跟您谈什么人间的事，本来就是为了鬼怪的事来见您的呀。"孟尝君一听，没法子了，就接待了他。

苏秦逮住机会就说开了："臣这次来的时候，路过淄水，听见一个泥人跟一个桃木偶在说话。桃木偶对泥人说：'你原是西岸的泥土，有人把你捏成了人形儿，可等到八月，天下大雨，淄水涨上来，你就会被冲得不成模样。'泥人说：'你说得对！可我本来就是西岸的泥土，被水冲坏不过是回到西岸而已；你就不同喽，你是用东方的桃木刻成的人形，雨后水涨，就会把你冲走。你只能随着水漂啊漂，还不知道你最终会漂到哪里呢？'木偶听了哑口无言。"

看孟尝君似乎若有所思，苏秦连忙运用类比大法："您这次去秦国，就像东岸的木偶离开了原来的地方，很快就被冲得无影无踪！"

孟尝君听了之后，最终决定还是不去了。

第五章
含蓄委婉：旁敲侧击，达到目的

据说外国人来到中国，尽管汉语的听写读已经很利索了，但还是会经常陷入交流的障碍之中。他们普遍的难处是：中国人说话太委婉含蓄了。明明一张口就能说清楚的事情和道理，却喜欢旁敲侧击、左右迂回。就像舞台上唱京剧的演员，本来三两步就可以直达目的地，却偏要甩着长长的水袖，踩着细碎的莲花步，"锵锵锵锵"地绕个大圈子。

在委婉含蓄、曲折迂回的声音中，人们快活地做着一种开发智力、融洽氛围的猜谜游戏。

委婉说话是一门艺术

作家孙犁在小说《荷花淀》中描写几位妇女："女人们到底有些藕断丝连。过了两天，四个青年妇女聚到水生家里来，大家商量。'听说他们还在这里没走。我不拖尾巴，可是忘下了一件衣裳。''我有句要紧的话得和他说。我本来不想去，可是俺婆婆非叫我再去看看他——有什么看头啊！'"

这几位青年妇女的丈夫都参军走了，无疑，她们的共同心理就是很想念自己的丈夫，都很想去驻地探望一下。但是，由于害羞，不好当着众人直接说出来，就各自找一个很好的托词来表达本意，她们觉得到驻地去的理由是十分充分的，非去不可。这就含蓄地表达出自己的意愿，旁人听起来也觉得有理。相形之下，直接说自己很思念丈夫，想去驻地探望一下就太露骨了，又可能引起其他比较进步的姐妹的不满。孙犁笔下的这几位普通的青年妇女不自觉地运用了交涉中的一种很好的艺术：委婉含蓄，使对方自悟其意。

生活中，我们有时会听到有人这样评价一个人："他说话能噎死人！"这就说明说话太直接了，容易使人一时难以接受，事倍功半。甚至有时我们的本意虽然是好的，但是由于说得太突然太直接了，而难以达到目的，误人误己。其实，咱们中国人对这方面还是挺注意的，比如说在我国传统的修辞方法中，就有一种"婉约"手法。求人办事说得委婉一点，含蓄一点，使对方自己领悟到那层意思，可以给双方更多的考虑空间，也容易让人接受。

杨洪是三国时期的蜀郡太守。他的门下书佐何祗出道时间短，却升职很快，居然当上广汉太守。每次朝会，杨洪都要和同为太守的昔日部下何祗平起平坐。杨洪心里有点不平衡，在一次朝会空闲，他语带嘲谑地问何祗："你的马怎么跑得这样快？"

很明显，说的是马快，但实则是指升职的速度快。

这个问题，暗藏锋芒，不好回答。老老实实地回答为什么自己的马快（马的品种好还是驾车的人技术好），没什么意思，也有答非所问之嫌。那么直接把问题说开，解释自己快速升职的理由？也不好，有自以为是、自我吹嘘的嫌疑。当然，对于这类问题，完全可以糊涂视之，打个呵呵就过去了。

但何祗不同。他笑呵呵地回答："不是小人的马跑得快，实在是因为大人您没有给快马加鞭啊。"

抛开杨洪的阴暗心理不说，他的提问的确够水平。而何祗的回答更为高明，委婉地解释了自己升职快的原因是勤勉，而对方升职慢的原因是不够努力。两人的对话都很委婉，不明就里的人还真不知道话里有话。他们在委婉中完成了一场小小的交锋，却又照顾了彼此的身份与面子。

做人固然要正直、直率，但并不意味着说话都要直言，因为直来直去的话最容易伤人，使人反感厌恶。例如，当妻子买了一块布料征求丈夫的意见，丈夫觉得妻子用这块布料做成衣服穿不太合适，如果丈夫不尊重体贴妻子的心情，直露地批评说："你看你的审美观真成问题，一把年纪了还穿这么鲜艳的衣服，岂不成老妖婆了？"这样生硬、贬损的话必定会伤害妻子的自尊心。如果丈夫换一种方式来表达："不错，颜色真鲜艳，女儿的同学穿的就是这种料子，真的很漂亮。"这意见说得委婉得体，不但反对的意见传递出去了，还更容易被妻子接受。

总之，委婉说话不仅是一种策略，也是一门艺术。含蓄委婉地说话，正是为人成熟的表现。作为一个现代人，应当有这种文明意识，掌握这一有利于人际交流的语言表达方式。

委婉暗示，尊重对方

暗示不是一种隐蔽的、含蓄的提示，是一种巧妙的说话方式。运用暗示的说话方式，可以将一些不便明说的意思表达出来。

美国经济大萧条时期，找到一份工作是很困难的。有位小女孩幸运地在一家高级珠宝店，找到了一份销售珠宝的工作。一天，珠宝店里来了一位衣衫褴褛的青年人，青年满脸悲愁，双眼紧盯着柜台里的那些宝石首饰。

这时，电话铃响了，女孩去接电话，一不小心，碰翻了一个碟子，有六枚宝石戒指落到地上。她慌忙拾起其中五枚，但第六枚怎么也找不到。此时，她看到那位青年正惶恐地向门口走去。顿时，她意识到那第六枚戒指在哪儿了。当那青年走到门口时，女孩叫住他，说："对不起，先生！"

那青年转过身来，问道："什么事？"

女孩看着他抽搐的脸，一声不吭。

那青年又补问了一句："什么事？"

女孩这才神色黯然地说："先生，这是我的第一份工作，现在找工作很难，是不是？"那位青年很紧张地看了女孩一眼，抽搐的脸才浮出一丝笑意，回答说："是的，的确如此。"

女孩说："如果把我换成你，你在这里会干得很不错。"

终于，那位青年退了回来，把手伸给她，说："我可以祝福你吗？"

女孩也立即伸出手来，两只手握在了一起。女孩仍以十分柔和的声音说："也祝你好运！"

青年转身离去了。女孩走向柜台，把手中握着的第六枚戒指，放回了原处。

本来，这是一起盗窃案。在通常情况下，大多数人可能会大叫抓偷窃者或者报警。但是，这位女孩却巧妙地运用了暗示，既没惊慌也没声张，却使小偷归还了偷窃物，那小偷也没有当众出丑，体面地改正了自己的错误。假如那女孩大喊大叫，说不定小偷会在情急之下飞快跑了，或偷偷将戒指扔到某个难以寻找的角落。

暗示的显著特点是"言此而意彼"，能够诱导对方领会你的话，去寻找那言外之意。从心理学的角度来看，委婉暗示的话，不论是提出自己的看法还是劝说对方，都能维护对方的自尊，使对方容易赞同，接受自己的说法，进而也就达到了沟通的目的。

生活中有很多尴尬的事情发生，如果直截了当，可能会让大家陷入难堪的境地。此时，不妨巧妙地旁敲侧击，用暗示的方式来提醒对方。

张小姐是王老板的秘书，一次他们去陪几个重要的客户。酒桌上推杯换盏，气氛友好而热烈。突然，张小姐无意中发现刚从洗手间出来的老板忘记了拉裤子的拉链。张小姐连忙迎上还没落座的老板，低声说："王总，您刚才出门是不是忘记关车库门了？"老板一听，这个幽默我在网上看到过啊，难道……忙下意识低头看，好在张小姐早就帮他挡住了客户的视线。老板嘿嘿笑了笑，转身进了洗手间。过会儿出来时，说："哎哟，把手表给忘在洗手台上了，幸亏张小姐提醒，否则就丢了。"一场尴尬就这样化为无形。

暗示最怕的是太"暗"，"暗"到别人很难明白你的真实意思，那就白暗示了。拿上面的轻喜剧来说，车库门忘关代指忘记拉拉链的小幽默，几乎上网的人个个都看到过。因此，秘书的话老板一听就马上能联想到发生了什么事情。而要是秘书直接说："老板，你忘记拉卜面的拉链了。"老板当时一定会脸红、不好意思，双方也会很尴尬。而秘书采取暗示的说辞，双方都轻松多了。

春秋时，有一次晋文公率军进攻卫国，行军途中，看到有一个人在路边仰面大笑。此人叫公子锄，他想阻止晋文公进攻卫国。晋文公问："你因何发笑？"

公子锄说："有个人送他的妻子回娘家，在半路碰到一个很漂亮的采桑女，就嬉皮笑脸地和人家搭话。等他回头一看，却见另一个男人正在向他的妻子频频招手致意。"

晋文公听后，猛然明白了公子锄的意思，立即下令火速回师，还没到家，就发现果然有人在攻打晋国的北部边疆。

这么高明的暗示，大约只有高手才想得出，也只有高手才能会意。

暗示最怕碰上榆木脑袋，你再怎么点拨都不开窍。在《梁山伯与祝英台》中，祝英台不停地暗示暗示再暗示，可憨厚的梁兄就是不开不开不开窍，怎么点也点不醒点不透，让看的人急都急死了。但观众急没有用，祝英台急也白搭。最后，悲剧不可避免地出现了。好在那是戏剧，人物与情节的安排要符合剧情的需要，生活中这样榆木的人不多见，要是你有幸碰上了，还是不暗示好。这本书里介绍了很多说话的方式，不要吊死在一棵树上。

弦外之音，不言自明

左三圈右三圈，脖子扭扭屁股扭扭……兜这种圈子有益健康。说话兜圈子，左三圈右三圈，天南海北古今中外……会有什么益处呢？

某天，一位年轻媳妇看到小姑子穿了件新的羊毛衫，猜想是婆婆给买的，便故意高声地对小姑子说："哇，从哪儿买来的羊毛衫，真漂亮！"婆婆便在一旁答话道："从街口那家商场买的，刚进的货。我先买了一件，让你俩穿上试试，要是看中了，明儿再买一件。"

年轻媳妇其实也想要一件，但又不好意思说出口，于是转向小姑子去夸羊毛衫，"顾左右而言他"。聪明的婆婆也听出了弦外之音，便答应也给她买一件，于是，年轻媳妇达到了她的目的。

有位年轻人早早回家做了一锅红枣饭。妻子下班回来，端起碗，高兴地问道："这枣真甜啊，哪来的？"丈夫说乡下姑妈捎来的。妻子不无感慨地说："姑妈想得可真周到啊，年年捎枣来!"丈夫说："那还用说，我从小失去父母，就是姑妈把我抚养大的嘛!"妻子说："她老人家这一生也真够辛苦的。"稍停，丈夫忽然叹了口气，说："听捎枣的人说，姑妈的老胃病又犯了，她一个人在乡下真够难的……""那就接来呗，到医院好好治治。"不等丈夫把话说完，妻子就说出了丈夫想说还未说出口的话。年轻人想接姑妈来城里治病，但不直说，而是通过吃枣饭、忆旧情，左三圈、右三圈地兜来兜去造成一种适宜的氛围，然后再说姑妈生病，而让妻子接过话题，说出接姑妈来的话。这样言来语去，自然圆满，比直说高明多了。

在我们日常生活和工作中，有时候，我们还真的需要在说话时"兜兜圈儿"。那么，在什么样的情况下，我们需要在说话时兜圈了呢？

第一种情况是，为了顾及情面，有些话不方便直说出来，这时需要兜圈了。比如婆媳之间、恋人之间、两亲家之间等，都是后天建立起来的情感之塔，基础欠牢固，交往中双方都比较谨慎、敏感，言语中稍有差错，都会带来不快或产生误解、造成矛盾。

第二种情况是，为让对方更易接受，这时可以运用"兜圈子"的说话方法。有些话直接挑明了估计对方一时难以接受，一旦对方明确表示不同意，再要改变其态度就困难多了。在这种情况下，为了强调事理，说服对方，就可以把基本观点、结论性的话先藏在一边。而从有关的事物、道理、情感开始兜起圈子．待到事理通畅、明白，再稍加点拨，更能化难为易，达到说服对方的目的。前面举的那位年轻人就是针对这种情况而兜圈子的。如果他直言要接姑妈来城里治病，妻子不一定同意。而通过吃枣饭、谈红枣、忆旧情，事理人情双关，形成了把姑妈接来的充分理由，水到渠成，所以不用自己讲，妻子就把他的心里话说出来了。

兜啊兜，绕啊绕，避实就虚，多路进攻，旁敲侧击，曲径通幽。在运动的过程中，去寻找沟通的最大公约数，或是争取更多的时间以利沟通的进行。这种兜来绕去的方式，总能把不好听的说得中听一点，把不雅观的说得好看一点，把不能让人接受的说得能让人接受，最终是图个听的人舒服，说的人顺心。

委婉拒绝，不伤和气

身为社会人，我们要遵循的做人原则之一是乐于助人。但并不是每个人都有时间、能力、精力，总是去乐于助人的。想做个有求必应的好好先生并不容易，人们的要求永无止境，往往是合理的、悖理的并存，如果当面你不好意思说"不"，轻易承诺了自己无法履行的职责，将会带给自己更大的困扰和沟通上的困难。更何况，在你的责任范围里，还有帮助家人、成就自己的任务。

喜剧大师卓别林曾说：学会说"不"吧！那你的生活将会美好得多。是的，说"不"的确能替自己省很多事。但这个"不"不是就一个字那么简单。对别人的请求，简单的一个"不"字，不给别人面子，也很容易给自己脸上贴上不近人情、冷酷的标签。

"不"的意思一定要表达出去，因为我们不能一辈子就做别人手里的牵线木偶。我们需要一定的时间与空间来发展自己。那么，如何巧妙一些，既表达了"不"的意思，又不至于让人际关系陷入冷漠？

我们在此提倡一种婉转拒绝，既拒绝了别人，又不至于让彼此难堪。其大致常用的方法有四种。

其一是条件应承法。条件应承法，顾名思义，是带有条件的应承。你要我做什么可以，但是有一个前提，而前提没有达到的话就不能履行了。举个例子，庄子当年找监河侯借钱，一开口，好家伙，要300两金子！监河侯听了，这么多啊，不借。不借是不借，但人家拒绝得非常有水平。监河侯说："好，过段时间我要去收租，如果能够收齐，就借你300两金子。"这话听上去是应承了，但里面透露出信息，隐含了条件，留足了退路。透露了什么信息呢？——我现在不借，不借的原因是手里不宽裕，要收了租才有。隐含了什么条件呢？——如果能够将租收齐。留足了什么退路呢？——一是要过段时间，二是如果没有收齐租的话不借。庄子是多么聪明的人，一听这个回复也没有半点办法。

在运用条件应承法时，要注意条件的设置，要与别人的请托有密切关系，方才说得过去。比如别人问你借钱，你说好吧，等太阳从哪边出来吧。这成了什么，太阳从哪边出和借钱有什么关系，再说太阳也不可能从西边出来啊。你不是存心刻薄、戏弄人家吗？那要怎么说呢？你看现在股市不是不景气吗？如果你炒股的话，可以说："好啊，等我的股票解套了吧。"天知道你有多少股票被套，套了多深，何时能解套！

其二是推托之辞法。人处在一个大的社会背景中，互相制约的因素很多，为什么不选择一个盾牌挡一挡呢？如：有人托你办事儿，假如你是领导成员之一，你可以说，我们单位是集体领导，像你的事儿，需要大家讨论，才能决定，不过，这件事恐怕很难通过，最好还是别抱什么希望，如果你实在要坚持的话，待大家讨论后再说，我个人说了不算数。这就是推托之辞，把矛盾引向了另外的地方，意思是我不是不给你办，而是我办不了。听者听到这样的话，一般都要打退堂鼓，会说："那好吧，既然是这样，我也不难为你了，以后再说吧！"

其三是答非所问法。答非所问是装糊涂，给请托者以暗示。如："此事您能不能帮忙？"答："我明天必须去参加会议。"

答非所问，婉拒了对方，对方从你的话语中感受到，他的请托得不到你的帮助，只好采取别的办法。这种情形常常发生在上下级之间，我以前在某单位就经常遇到。明明找老板要求涨工资，小心谨慎地说出后，被老板一些东南西北的话给岔散了。怎么拧也拧不回来。

其四是含糊拒绝法。如："今晚我请客，请务必光临。"答："今天恐怕不行，下次一定来。"

下次是什么时候，并没有说定，实际上给对方的是一个含糊不定的概念。对方若是聪明人，一定会听出其中的意思，而不会强人所难了。

说了那么多拒绝别人的方法，并不是说我们就应该拒绝一切求助。每个人的时间、金钱、资源都是有限的，对于有些请求，我们实在是没能力或没必要去硬充好汉。同时，需要提醒读者的是，也不是所有的拒绝都要用糊涂法，事实上，有些情况下你也完全可以直接拒绝对方。要根据具体情况来选择适合的方法。比如你的好友打电话要你陪她去逛超市，你完全可以直接告诉她："对不起，我没空，我要做什么什么事情。"不需要任何拐弯抹角，效果更好。

拒绝别人最好能够委婉，因为没有人喜欢被拒绝；被别人拒绝一定要大度，因为拒绝你的人总有他的理由。

表达爱意要含蓄

有一首歌是这样唱的："想说爱你，并不是件很容易的事，那需要太多的勇气。"这歌词其实只对了一半，前面说的求爱不容易是实话，后面说的"勇气"不对，应该是"那需要太多的智慧"。光知道鼓起勇气去求爱，难免一次一次地唱："为什么受伤的总是我？我到底做错了什么？"

你到底做错了什么？不善于表达爱意！

在现实生活中，异性之间的友谊和爱情有时是十分模糊的，很容易让人误解。因为有的爱非常羞涩，掩藏得非常深，而有的爱则是无意识的，尽管已深深地被对方所吸引，但仍不觉这是在爱。因为人的感情是十分复杂的，兄长式的爱，姐姐式的关怀，妹妹式的依赖和弟弟式的信任，这些包含着复杂感情成分的交往，又往往很容易给人以模棱两可的感觉，而对于尚没有意中人的男女来说，对此又非常敏感，对感情信号的接收系统往往倾向于"爱情"这一边，因而时常会导致错误的理解。

还有一种情况可以算作是"中间地带"，既有友谊的成分，也有爱的成分，既可以停留在友谊的层面，也可以上升为爱情的关系，当事人尚犹疑不定，不知道停止还是前进，因而在表现上、言谈间很朦胧，让你难以把握，很多男女往往因处在这"中间地带"而感到很迷茫。

区分友谊或爱情的办法是，当你很明显地感到对方把你视作普通的朋友时，你就不要有非分之想，可把两人的关系圈定在友谊层面上。当你感觉是"中间地带"，即已分不出是友谊还是爱情时，抑或友谊与爱情参半时，就必须采用试探的办法，探明他（她）对你是友谊还是爱情。

用语言试探是最常用、也是最直接的办法，因为人们相处最方便、机会最多的工具就是语言。试探对方对你是否有意的语言很多，可以直接发问，可以一语双关，或借题发挥等等。以下举几个例子：

两人走到一个鲜花摊前，你（男）说："这玫瑰真漂亮，我买一支送给你好吗？"她颔首同意，你就买一枝送给她，并说："你如果喜欢这种花，我以后会经常送一束给你，如何？"她如果没有拒绝，说明对你有意。

两人聊天谈到对象选择时，问："你心目中的丈夫（妻子）是什么样的？"如果她（他）对你有意，描绘的"形象"肯定是以你为"模板"的，你心里就该有谱了。

两人在谈及人品、性格等话题时，你借题发挥说："谁要是娶了你，肯定很幸福。"看她如何回答，就可判断她对你是否有意。她如果说："唉，我这种人谁会要啊。"那么基本上是她明白你的暗示之后在暗示你了。接下来怎么说，还要教吗？"我觉得你挺好啊"或"实在没人要就嫁给我算啦"等等，视当时的情况而定。

瑶瑶与她青梅竹马的邻居大明互生爱慕，但苦于一直没机会表达，一天，大明抢着帮瑶瑶挑水，瑶瑶撒娇地说："好，让你挑，你给俺挑一辈子。"值得注意的是一语双关一定要准确、易懂，不能模棱两可，让人产生歧义。

第六章
十面埋伏：诱敌深入，一举歼灭

　　打仗最怕中了埋伏。进了敌人的埋伏圈，被包了饺子，难免惨败。在军事史上，很多有名的大战都与伏击有关。因此，在军事战术上，历代兵家都喜欢抛诱饵、造假象，吸引对方进入自己布下的圈套，来达到己方胜利的目的。

　　说话也有设伏打围歼的战术，在看似无意的对话当中，将对方的话引入自己设下的包围圈，突然杀出奇兵，一举将对方拿下。这个战术的运用，有三个要点：一是不能事先暴露自己的意图，二是要预先设好圈套，三是要引诱对方钻进来。

避其锋芒，剑走偏锋

当你碰上棘手的说服对象时，不必与之正面交锋。可以先通过一些看似与主题焦点没有太大关系的问话，让对方在不知不觉之中顺着我方的思路走，直至掉进陷阱缴枪不杀。

先秦时儒家学派的著名雄辩家孟子就是利用这种方法，说服了农家学派的陈相。

陈相向孟子宣传农家学派首领许行的主张，他开口就问孟子："贤明的国君应该同老百姓一同劳动，一同耕作，治理国家，同时自己动手烧饭。"

孟子反问："许行吃的都是自己亲手种的粮食吗？"

陈相回答说："是的。"

孟子又问："许行穿的都是自己亲手织的布吗？"

陈相回答说："不是的。许行不穿布衣，而是穿毛货。"

孟子问："许行戴帽子吗？"

陈相回答说："戴帽子。"

孟子问："戴什么样的帽子？"

陈相回答说："他戴的是生绢做成的帽子。"

孟子问："许行做衣服的毛料和做帽子的生绢都是自己亲手纺织的吗？"

陈相回答说："不是的。是用粮食到市场上交换来的。"

孟子问："许行为什么不自己动手纺织呢？"

陈相回答说："自己动手去纺织会耽误他种地。"

孟子问："许行做饭使用锅和甑吗，种地使用铁农具吗？"

陈相回答说："要使用。"

孟子问："他使用的锅、甑、农具，都是自己亲手制造的吗？"

陈相回答说："不是的。也是用粮食到市场上交换来的。"

孟子于是说："各行各业本来就不可能边种田、边兼顾，难道唯独治理国家的工作可以边种田、边兼顾吗？"

在上面这段对话中，孟子像问家常一样，向陈相询问许行各种生活用品和生产工具的来源，诱使陈相不知不觉地提供了与自己主张相悖的论据，掉入了一个天大的"陷阱"。这样，陈相哑口无言，被驳得心服口服。

步步引诱，层层设防

十月革命刚刚胜利的时候，许多农民们打着火把聚集到冬宫广场，叫嚷着要点燃象征沙皇统治的冬宫，以解他们心中对沙皇的仇恨。一些有知识、有见地的人，大道理、好话说了一箩筐，都不能打消农民们的躁动。

列宁闻讯后，立即来到现场，作了简短的演讲：

"农民兄弟们，皇宫是可以烧的。但在点燃它之前，我有几句话要说，你们看可不可以呢？"

农民们一听这话，便知列宁并不反对他们烧，于是答道："完全可以。"

列宁问："请问这座房子原来住的是谁?"

"是沙皇统治者。"农民们大声地回答。

列宁又问："那它又是谁修建起来的?"

农民们坚定地说："是我们人民群众。"

"那么，既然是我们人民修建的，现在就让我们的人民代表住，你们说，可不可以呀?"

农民们点点头。

列宁再问："那还烧吗?"

"不烧了!"农民们齐声答道。

冬宫终于保住了。

迁怒于物往往是情感朴直、思维简单化的一种表现，这种情形在各个地方与民族都不鲜见。新的势力推翻前一个统治者，往往也附带推翻前朝的象征性建筑。这种粗暴的行为不理智，但可以理解。

列宁在面对不理智的群众时，先设了一个小小的"圈套"，同意烧毁冬宫，以打消群众对于他言辞的抵触心理。然后，他又设了一个更大的埋伏，一步一步引听众进入他的埋伏圈。他先提出了"谁住的""谁修的"这两个看似与主旨无关紧要的简单问题，没有丝毫意外便获得了他想要的答案：沙皇住的，人民修的。这时，列宁的排兵布阵完全到位，只等收口就 OK 了——既然人民修建的，被沙皇住就不合理了，那么现在让人民代表来住，不是物归原主吗?

列宁采取这种步步引诱，层层设防的手法，将原本象征沙皇统治的冬宫与沙皇完全剥离开来，最终把错误的想法一举歼灭。

让群众终于明白：原来冬宫是人民的血汗，不能烧，还有用。列宁的这次演讲，有点像编箩筐，"编筐编篓，重在收口"，列宁不但"编织"技术过硬，收口也扎实。想一想，列宁的口才要是不够火候，后果还真不乐观。想一想，那么多的革命群众都情绪激昂，思维早就钻入牛角尖了，不把他们带出来，多危险！

从列宁说服群众的全过程来看，完全贯彻了"包围"战术的三个要点：一是不能事先暴露自己的意图，他一开口就声明皇宫是可以烧的，让群众对自己后面的话不要存在戒备心理；二是要预先设好"圈套"，人民修的人民住，烧了不合理；三是要引诱对方"钻"进来，几个简短的问话，看似无意，实则有心。

最后值得指出的是，在本章所有的表述中，"圈套"并非贬义词。

找出破绽，攻破谎言

一般的闲聊中，别人话中的疑点与漏洞，没有必要去较真。但如果是正式的、严肃的、重大的场合，就有必要抓住别人话中的疑点或漏洞，不动声色地加以引导，将疑点清晰化，把漏洞扩大化，然后给予迎头痛击。

林肯在任律师时，曾为他朋友的儿子阿姆斯特朗出庭辩护。在下面的盘问中，他成功地将证人福尔逊的谎言揭穿。而这次的辩护也因此成为佳话，流传至今。

林肯："你肯定死者是小阿姆斯特朗杀害的吗？"

福尔逊："是的。我在 10 月 18 日晚上亲眼看见小阿姆斯特朗用枪击毙了死者。"

林肯："你发誓认清了是小阿姆斯特朗？"

福尔逊："是的。"

林肯："你在大树东边的草堆后面，小阿姆斯特朗在大树下面，你们相距二三十米，你能看得清楚吗？"

福尔逊："看得很清楚，因为当时有月光，月光很明亮。"

林肯："你肯定不是从衣着等其他方面认清的吗？"

福尔逊："不是的，我肯定看清了他的脸。因为月光正照在他的脸上。"

林肯："具体时间也肯定吗？是晚上 11 点吗？"

福尔逊："完全可以肯定。因为我回到屋里看了时钟，那时正是 11 点 15 分。"

林肯询问到这里，转身对旁听的人们说："我不得不告诉大家，这个证人是一个彻头彻尾的骗子！"

他接着说道："请注意，他一口咬定 10 月 18 日晚上 11 点在月光下看清了被告人的脸。请大家想一想，10 月 18 日那天是上弦月，晚上 11 时，月亮早已下山了，怎么会有月光呢？退一步说，也许他记的时间不准，月亮还没有下山。但是，那时月光应该是从西边往东边照，草堆在东，大树在西。如果被告人脸朝草堆，月光就只能照到他的后脑勺，月光根本不会照到脸上，证人怎么能从二三十米外的草堆处看清被告人的脸呢？如果被告人脸朝西，月光可以照到脸上，但证人在大树东边的草堆后面，那么证人也就根本不可能看到被告人的脸。"

人们沉默了一会儿，接着，爆发出了雷鸣般的掌声和阵阵的喝彩声。

我们知道：一个谎言需要无数个谎言来圆谎。因此，如果在对方的话中发现了说谎的疑点或漏洞，就应该不动声色地抓住，追问下去。而对方说的若是谎言，在追问中一定会露出更多的破绽，只要收集好这些破绽，汇集在一起就是一个地雷阵，能将对方的谎言炸得片甲不留。

困敌两难，手到擒来

伏击战中最理想的状态是将敌人引入峡谷之中，前后一堵，令其进退两难，首尾不能兼顾。口才高手在辩论过程中，为了驳倒对手，有时会提出一个只有两种可能性的前提，迫使对方在两种可能中加以选择。实际上无论对手选择哪一种，推论出的结果都对自己不利，除此之外又别无他法，从而使对方陷入"进退两难"的境地。这种纵横术叫"困敌两难"，具有很强的杀伤力。

在俄国著名作家屠格涅夫的长篇小说《罗亭》里，主人公罗亭与皮卡索夫有一段精彩的对话，就使用了困敌两难的纵横术。

"妙极了！"罗亭说，"那么，照你这样说，就没有信念之类的东西了？"

"没有，根本不存在。"

"你就是这样确信吗？"

"对。"

"那么，您怎么说没有信念这种东西呢？作家您首先就有了一个。"

显然，皮卡索夫的主张是：根本不存在信念之类的东西，可是他又确信他的这个主张是正确的，而确信一种思想是正确的，本身就是一种信念。这时候，他等于承认了"有信念这种东西"。但是这又与他主张的根本不存在信念这个东西的话相悖，这样，皮卡索夫就陷入了两难的自相矛盾之中。

战国时，楚国有个人在山上采到一种传说吃了可以不死的草药，他来到都城准备把这草药贡献给楚襄王。这个人来到王宫向传令官说明来意后，恭恭敬敬地把草药交给了传令官。传令官马上把草药送进宫中。

中射士（帝王的侍御近臣）一看传令官手中拿的东西很出奇，就问传令官："你拿的是什么奇花异草啊？"

传令官答："是长生不死药。"

中射士又问："可以吃吗？"

传令官答："可以。"

中射士突然出手把草药夺过去吃了。传令官一看草药让他吃了，自己无法交差，便把此事报告了楚襄王。

楚襄王一听勃然大怒，派人欲杀中射士。

中射士被捕时向楚襄王争辩说："臣问过此药可不可以吃，传令官说可以吃，臣才吃的。这说明臣没有罪，有罪的是传令官。何况，这种药是长生不死药，臣吃了它就应该长生不死，如今大王要杀死臣，臣若是被杀死了，这表明此药不是什么长生不死药，而是催死的药；臣吃了不死药还死了，也说明献药的人是个大骗子；望大王深思。"

这个中射士运用了"困敌两难"的纵横术，使自己免于死罪。

第七章
诡辩之术：永不言败的绝学

"爱情与一碗稀饭相比，哪个好？"

"当然爱情好，'生命诚可贵，爱情价更高'，没有东西比爱情好。"

"既然'没有东西'比爱情好，而一碗稀饭总比'没有东西'好，所以，稀饭要比爱情好。"

以上就运用了诡辩术。诡辩说起来似乎有阴谋诡计的意思，不太光彩。但正如因为坏人拥有武器，所以好人必须拥有武器一样，学点诡辩并没有什么坏处，进则可以驳斥无赖，退则可以防守别人的诡辩，何况诡辩还兼有娱乐朋友、活跃气氛、锻炼思维的功效。

诡辩的含义

《孙子兵法》的开篇是《始计篇》，《始计篇》的第一句话是"兵者，诡道也"。开宗明义，指出用兵打仗是一种诡诈的行为，战争中，诡诈是战争的必然。

口才上的交锋，其激烈程度在某些时候并不亚于战争。因此，孙子所谓的"诡道"也在口才的交锋中屡见不鲜。关于什么是诡辩，德国哲学家黑格尔曾给了精辟的解释。他说，诡辩是"以任意的方式，凭借虚假的根据，或者将一个真的道理否定了，弄得动摇了，或者将一个虚假的道理弄得非常动听，好像真的一样"。诡辩是智慧的角逐，是语言的较量。在口才中，当然少不了诡辩之术。

对于诡辩的具体含义，用学术的语言来解释也许太抽象了。我们不妨通过阅读下面两则短文，从形象的角度加深理解。

有一天，两个学生去请教他们的哲学教授："教授，究竟什么叫诡辩呢？"

教授想了一会儿，说："有两个孩子，一个很爱干净，一个很脏。妈妈要帮他们两个人洗澡，你们想想，他们两人中谁会洗呢？"

学生甲脱口而出："那还用说，当然是那个脏的。"

教授摇头说："不对，是干净的去洗，因为他养成了爱清洁的习惯；而脏人却不当一回事，根本不想洗。你们再想想看，是谁洗澡了呢？"

学生甲连忙改口："爱干净的！"

"不对，是脏人，因为他需要洗澡。"教授反驳后再次问学生："这么看来，谁洗澡了呢？"

"脏人！"学生甲已经不敢回答了，学生乙回答。

"又错了，当然是两个都洗了。"教授说，"干净的有洗澡的习惯，脏人有洗澡的必要，怎么样，到底谁洗了呢？"

两个学生如释重负，异口同声地说："是两人都洗了。"

"又错了。"教授笑道，"两个都没有洗。因为脏人不爱洗澡，而干净人不需要洗。"

"老师，你好像每次都说得有道理，可每次的答案都不一样，我们该怎么理解呢？"学生完全迷糊了。

"这很简单。你们看，这就是诡辩。"教授微笑着说。

洗澡与否的衡量标准在教授手里，他将标准变来变去，使自己永远立于不败之地。我们再来看一则生活中的诡辩。

有一个小伙子在热闹的集市上卖乌龟。

"卖乌龟！卖乌龟！鹤寿千年，龟寿万年。活一万年的乌龟，便宜卖啦！"

有个人听说乌龟能活一万年，就买了一只。可第二天一看，乌龟居然死了。

于是，这个人气呼呼地跑到集市上，找到那个卖乌龟的人，气愤地指责："你这个骗子！你说乌龟能活一万年，可它只活了一个晚上就死了！"

卖乌龟的小伙子听了，笑哈哈地答道："先生，这样看来，昨天晚上它刚好活满一万年。"

这里小伙子说的"这只乌龟昨天晚上刚好活满一万年"显然是没有根据的，但是要证明他的话没有根据，却很难拿出十分充足的理由。小伙子正是利用这一点来为乌龟的死进行诡辩的。

能言巧辩即为"诡"

《梦溪笔谈》载：王元泽小时候，曾见一客人持有一个大笼子，里面有两只动物。客人告知他笼内一獐一鹿，并问道：

"哪个是獐，哪个为鹿？"

王元泽哪里知道，但他马上就给出了答案："獐边上的是鹿，鹿边上的是獐。"

尽管王元泽没有分辨出獐和鹿，但他的推诿搪塞之辞却赢得了客人们的赞许。

1972 年基辛格随尼克松总统动身前往莫斯科，途中经过维也纳，就即将举行的美苏首脑会谈问题，举行了一次记者招待会。《纽约时报》某记者提出了一个所谓"程序问题"。他问："到时，你是点点滴滴地宣布呢？还是来个倾盆大雨，成批地发表协定呢？"

基辛格回答说："我明白了，要我在倾盆大雨和点点滴滴之间任选一个。所以，无论我怎么选择，总是坏透了。"

基辛格对记者实质性的问题避而不谈，以攻代守，抓住两个比喻不放，并"合理"地引申到无论怎么选择，事情总是坏透了。

他的这种说话技巧也是属于诡辩，从对方的言辞中找出字眼，尽情发挥，以将话题游离于主题之外。

法国作家小仲马浪漫风流，一次与朋友们逛妓院（基于时代的原因，我们不能因此质疑其道德），朋友们当着两个名妓的面，为哪个妓女更美丽而争论来争论去。两个名妓一位身段妙不可言，另一位面容如花似玉，争论似乎没有结果。最后，朋友们让一声不吭的小仲马做裁夺。"你最喜欢哪一位呢？"他们问。"我最喜欢带第二位出门，带第一位回家。"小仲马轻松写意地将这个难题解开，令所有在场的人都无不信服并为之赞叹。对于小仲马这种幽默，我们除了像周星星同学似的感叹"I 服了 YOU"之外，找不出更恰当的致敬之语了。

小仲马的诡辩，完全解构了谁更美丽这一问题，将问题一分为二，从而得出令人信服的答案。这样的诡辩术有很多例子。宋徽宗写得一手好字，常为此询问大臣："我的字怎样？"大臣们也无不夸口说天下第一。有一天，皇帝问米芾同样的问题，米芾是闻名天下的书法大家，书法胜过宋徽宗。如回答皇帝，一则委屈自己，二则在皇帝面前显得自己虚伪，而他要是说自己第一，又必然会扫皇帝的兴。米芾灵机一动，说："臣以为在皇帝中，你的字天下第一；在大臣中则微臣的字天下第一。"宋徽宗听了，拊掌微笑。米芾在此用的也是诡辩术，将一个问题分开来回答，从而让答案无懈可击。

从前有一个人，他的父亲做了大官，儿子中了状元，唯独他什么官也没有做。因此，他的父亲和儿子都看不起他，平时难免对他说些讥讽、嘲笑的话。但此人颇有口才，当父亲嗤笑他时，他就对父亲说："你有什么了不起的，我的儿子比你的儿子强得多。"当儿子嗤笑他时，他就对儿子说："你有什么了不起的，我的爸爸比你的爸爸强得多。"一番话把他的父亲和儿子都说乐了。这种诡辩，可谓化骨绵掌，任你万钧之力，我只需轻轻格挡就能将力道卸掉，不伤自己，也不害对方。

偷梁换柱的诡辩术

保姆在搞卫生时，不小心打碎了主人家的一个名贵古董花瓶，主人很生气，一定要保姆按照估价进行赔偿。一个做保姆的，要赔价值五六万的花瓶，自然在能力与心理上都难以接受。但主人坚持要她赔，没办法，保姆请来了一个在大学教哲学的远房亲戚张教授。

张教授来了，先是对主人说："这个保姆来自边远的乡下，笨手笨脚，您就大人不计小人过，高抬贵手原谅她一次吧。"

然而这样的求情，并没有任何效果。主人根本就不吃这一套。

没办法，张教授只好开始运用诡辩术。

首先，他用了"偷换论题"的诡辩术。他说："这个保姆，离开自己的孩子和丈夫来到千里之外的城市打工，但凡家里稍有余钱的人也不会如此做，很显然，她根本就赔不起，而您家住高档别墅，家里的古董那么多，根本就不在乎那几万块钱……"在这里，张教授将"该不该赔钱"的论题偷偷地换成"赔得起还是赔不起"，把"要不要赔偿"的论题悄悄地换成了主人"在乎不在乎"。这是因为损坏别人的东西要赔偿是生活常理，张教授只好用保姆的穷对主人动之以情。没想到主人不吃那一套："你这话不通，什么叫作不在乎？她没钱赔就不用负责任了吗？"显然，在这个偷换论题的戏法中，主人上了钩，论题被张教授成功转移到了"她没钱赔就不用负责任了吗"上。

张教授顿时在新的论题上大做文章："她没钱赔又如何赔你呢？卖了她也不合法啊！给你们家做保姆来偿还损失还差不多。"

主人一听，似乎动了点心。

张教授继续说："可是，对于月薪才800元的保姆来说，要赔你五六万的古董，怕也要做个五六年吧？这五六年里，你能保证她心甘情愿？她要是心里不平衡，或者家里有什么事情急需用钱而又没有工资，保不准被逼无奈就私自走了呢？难道你还时时刻刻请个人看管她？还有，这五六年里要是再打碎了你的什么宝贝……"

"好了好了，谁要她做保姆来还账，她要做我还不稀罕呢，笨手笨脚的要是再打碎了什么东西……"

张教授又换了一个角度："我们凡事都要讲个理，现在我要说的是一个理，事理之理。我们争的是：一个雇工打碎了雇主的一件东西，应该不应该赔偿的问题。我的意见是：不应当赔，主人不应该要她赔。"

论题又改变了。这一次主人又上当了。于是，两人开始理论起"应该不应该要她赔"的话题。张教授说："你是雇主，雇工在工作时间内出的一切事故都应当由雇主负责，这是劳动法的规定。因此，她因为工作而打碎的花瓶，责任应该由雇主负责。"好家伙，劳动法都搬出来了，但张教授悄悄地偷换了概念：把"工伤事故"用"一切事故"来代替，顺利地把打碎花瓶的事故责任进行了转移。

在接下来的理论中，张教授又捏造论据，使主人逐渐陷入了被动。例如：

张教授说："从古到今，瓷窑里烧出来的花瓶，少说也有几十万几百万个。这些花瓶，现在到哪里去了？花瓶是不是有被打碎的可能？"他想用论据证明花瓶有被打碎的可能，花瓶被打碎是很正常的事。而实际上，"花瓶被打碎是否很正常"与"被打碎后该不该赔"并不构成必然的因果关系。

张教授还运用了强词夺理的诡辩手法："她为什么会把花瓶打碎，因为她工作时需要擦放花瓶的架子，才会存在打碎花瓶的机会。擦架子是保姆的工作，保姆是代替主人做事。所以保姆才有打碎花瓶的风险，你把风险转嫁给了她。要是你在做，也有可能打坏的，所以她其实是帮你打碎了花瓶。"这话怎么听都不顺耳。主人听着也觉得不对，便反对："我雇她花了钱啊，她得到了利益就要承担相应的风险。"

"很对，你是雇了她，正因为你雇了她，她在工作时间内工作场所里发生了事故，才应该由你负责。要是你没雇她，毫无疑问她打碎了你的花瓶就该她赔。"好了，争论又到了前面的那个话题。

主人觉得不对劲，但又不知道问题到底出在哪里。最后，主人只得用生气的口吻说："算了，我不要她赔了，她快点卷起铺盖走吧！"

综观整个论辩过程，张教授用各种诡辩手法，从各个角度将主人辩得无言以对，在众多的"道理"的叠加下，主人只得认输。

回答提问的 4 个技巧

通常，一个口才高手能在听到对方的提问后，迅速思考并选择一个最佳的回答方法。回答对方提问需要头脑冷静，不能被提问者牵着鼻子走。对于提问，能答即答，不能回答的可以回避。

答话的技巧主要是在提问的前提里。在回答之前一定要认真分析对方的问话。如果不加分析，随口即答，就可能被对方所控制，掉进"语言陷阱"。所以，在回答对方提问之前，分析前提是成功回答的关键。在掌握好前提以后，可以选择如下几种回答的方法。

1. 设定条件法

对方提问的内容，有时可能很模糊，有时很荒诞，甚至很愚蠢，以致使人们很难回答。这时，我们在分析清楚的前提下，可以用设定条件的方法。据说有这样一个故事。有一天，国王指着一条河问阿凡提："阿凡提，这条河的水有多少桶？"阿凡提答："如果桶有河那么大，那只有一桶水；如果这个桶有河的一半大，那么就有两桶水……"阿凡提回答得十分巧妙。因为这个问题很怪，国王故意想难倒阿凡提，他无法直接回答。只能先设定一个条件，然后说结果。条件不同，结果也就不一样了。还有例子。

问："今天有一只黑猫跟着我，这是不是凶兆？"

答："那要看你是人还是鼠。"

前者的问话很无知，回答时无法给他详细的解释。设定一个条件，其结果不言而喻，而且极幽默地讽刺了问话者的愚昧。

2. 答非所问法

答非所问，是回答提问的一种回避战术。对方提问出题，希望我们做出明确的回答，我们却不愿意回答他的问题，这时，我们可以巧妙地转移话题，答非所问，让对方无法得到想要的答案。日本影星中野良子来到上海，有人问她："你准备什么时候结婚？"中野良子笑着说："如果我结婚，就到中国度蜜月。"中野良子的婚期是个人隐私，中野良子自然不愿吐露。她虽然没有回答婚期，却说结婚到中国度蜜月，既遮掩过去，又表现了她对中国人民的友谊。

对一些是非问句的回答，还可以采用反答法。本应答"是""有"，却从"不是""没有"方面回答；本应答"不是""没有"，却从"有""是"方面回答。如：

问："你和妻子之间有什么共同之处吗？"

答："我俩都是同一天结婚。"

旅行家："请问，从前有什么大人物出生在这座城市吗？"

导游："没有。只有婴儿。"

第一个例子本应答"没有"，却从"有"的方面寻找一个话题。第二个例子带有一定的讽刺意味，也是一种答非所问的战术。

3. 否定前提法

对于对方的问话，有时我们不赞成。特别是当对方带有一种不友好的态度问话时，我们需要做出否定的回答。否定回答主要否定对方问话的前提，其中包括观点、态度和倾向。黑格尔《哲学演讲录》中记载了这样一个故事：有一个诡辩家问梅尔德谟："你是否停止打你父亲了？"这位诡辩家想使他陷入困境，不管他答"是"，还是"否"，都会掉进"语言的陷阱"。如果答"是"，那就说明他曾打过他父亲；如果答"否"，那就说明他还在打父亲。梅尔德谟很聪明，他答道："我从来没有打过他。"这个回答完全否定了问话中前提的含义，致使诡辩家嘲笑梅尔德谟的阴谋未能得逞。

4. 颠倒语序法

在回答对方发问时，如果将对方的语序略微颠倒一下，就能够成为一个与原来问句的意义截然相反的回答句式。

曾有一个神父问两个牧师："你们做祷告时抽烟吗？"其中一个答道："我做祷告时抽烟。"结果遭到一顿痛斥。另一个答道："不，我抽烟时做祷告。"结果得到了神父的赞赏。

其实，两个人的答语是一个意思，但是答法不同。前者做祷告时抽烟，表现他对上帝的不虔诚。而后者抽烟时做祷告，表现了他能抓紧时间，做祷告比较勤奋，说明他对上帝的忠诚。后者答话的巧妙之处就在于他颠倒语序，表达出与前者答话截然相反的意义。

答是口才智慧的综合外化，要想答得妙，必须注意生活感受的积累，加强语言的修养。妙答，将使你成为一个令人瞩目的口才高手。

诡辩招法神出鬼没

作为一种口才江湖最邪门的格斗术，诡辩的招法可谓神出鬼没。那么，如何在说话或论辩中不被别人"诡"到"诈"到？

下面，我们通过案例来一一讲解。

阿凡提有个做买卖的朋友要出远门，来跟阿凡提辞行。这个朋友看见阿凡提手上戴着只金戒指，便打主意要把那只金戒指讨过来。朋友说：

"阿凡提，我这一出门，就会好久见不到你，我真有点舍不得你，在外面我想我一定会很想念你。我说，看在咱们多年交情的份上，把这只金戒指给我戴上吧！我一见到这只金戒指就会像见到你本人一样安心了。"

人家想要戒指不明说，拐了一个大弯。阿凡提当然不愿意上当，但他怎么来拒绝这个看似很"有情"的要求呢？

阿凡提说："你的心肠真好啊，我们的友谊真的太深厚了！说实在的，你出门那么长的时间，我也是度日如年，经常思念你呀。这只戒指还是让它留在我手上吧，这样的话，我一见到它就会想起：'噢，这只戒指我的朋友讨要过，我没给'，这样你的模样就会出现在我眼前了！"

阿凡提在此使的是"推诿搪塞法"。从同样的为了怀念对方的前提中，双方得出的结论却截然相反：送戒指与不送戒指。朋友其实也是在用诡辩术，想"诡"到阿凡提的戒指。阿凡提用的也是诡辩术，让自己的戒指没有被"诡"去。一个高明的诡辩家则总是善于从共同的前提中引申出与对方针锋相对的结论，以此与论敌相抗衡。诡辩有时候是搪塞：问题对自己不利，又不肯认输，于是玩弄诡辩术，以此灵活地应付了事。

由于古代技术的制约，科举考试对于考生的身份鉴别比较困难。为了避免代考现象，规定考生必须填写清楚自己的外貌特征，便于考官在考堂上查对。有个考生填写自己的面貌特征时，其中有一项写了"微须"。考官巡堂时看到这个考生脸部有一点胡须，便怒道：

"你冒名顶替，考单上明明写着没有胡须嘛！"

考生十分诧异，申辩道："我明明写着有一点点胡须，怎么就没有呢？"

考官说："'微'即没有。范仲淹《岳阳楼记》有'微斯人吾谁与归'，说的就是：没有这种人，我同谁在一道呢？"

考生反驳说："古书上说'孔子微服而过宋'，这里微服就是不暴露官员身份的装束，如果'微'只作'没有'讲，难道说孔子脱得赤条条地到宋国去吗？"

以偏概全是诡辩的常用手法之一。对于这种诡辩，我们要举出一个与其相反的具体例子，就可以驳倒它。事实胜于雄辩。考官仅仅根据《岳阳楼记》中的一处现象就轻率地得出所有的"微"都是"没有"的结论，当然会被聪明的考生列举反例驳得哑口无言。

张三去饭馆吃饭，先要的是面条，服务员端来的是辣面。他不想吃，就让服务员换了一屉包子，吃过之后不付款就走。服务员对他说："您吃的包子还没有交钱呢！"张三说："我吃的包子是用面条换的。"服务员说："面条你也没有交钱。"张三又说："面条我没有吃呀！要付钱做什么？"气得服务员一时不知道如何应答。

张三在此玩弄的诡辩有两处颇迷惑人：一是"包子是用面条换的"，按照通常的理解，"以物易物"的交易是用不着付钱的；二是"面条我没有吃"，既然没吃，也就无须交钱。问题究竟出在哪里呢，就出在面条上——虽然他没有吃面条，但由于没有付款，面条的所有权仍然属于店主，因此他无权用面条来换包子，所以吃了包子必须交钱。在这里，张三用"包子是用面条换的"这句话作掩护，偷换了包子"所有权"的概念。

古时有个皇帝非常迷信道教，经常引来道士与自己论道。某次，一个声称精通算命之术的道士求见皇帝，两人相谈甚欢。临别时，皇帝问道士自己能活多久。道士推算了一会儿，说皇帝还有两年寿命。皇帝听了吓得瘫倒在地。等道士走后，皇帝日夜焦虑，竟卧床不起。

宰相觉得这样子下去，皇帝恐怕真的只有一两年的寿命了。他想了一个办法，要求皇上再宣那个道士进宫。

那个道士估计是想通过这种恐吓手段，等皇帝再次宣自己进宫问计时，谎称可以用一些所谓的法事来化解灾难，以骗取皇帝的钱财。于是道士屁颠屁颠地来了。

宰相当着皇帝的面，问那个道士："据说你善于算命，那么你算算你还能活多久？"

道士假装推算了一阵说："十五年。"

宰相马上下令："把这个道士推出去马上斩首！"

皇帝想要制止，宰相说："他不是算命很准吗？怎么没有算到我今天要他的命？"

道士的"皇帝还有两年寿命"的结论显然是用了虚假论据，但由于一时无从考证，容易迷惑人。当道士推出另一个论点"自己能活十五年"时，宰相却使他一天也活不了，骗人伎俩就这样不攻自破。抓住诡辩者与事实相悖的破绽，拿出事实，迫使其在事实面前兑现其观点，就能使其观点的荒谬性暴露无遗。这种方法叫兑现斥谬法，它以客观事实为武器，有很强的逻辑力量。

第八章
激将之法：请将不如激将

　　什么是激将法呢？简单地说，就是用反面的话刺激别人，使其下决心去做某件本不想做的事或说不想说的话，从而起到良好的语言表达效果。激将法源于古代的兵法，在很多著名的战役中，我们都能看到激将法的影子。

　　人争一口气，佛争一炷香。古往今来，为争一口气的人们总是不惜牺牲一切。明白了这个道理，你就会明白激将法流行了千年，为什么至今仍盛行不衰的原因。

操纵对方的情绪

通过各种手段，让对方情绪激动，在无意识中受到你的操控，去干你想让他干的事。这就是激将法的妙处。

一提起启功，我们第一个反应是：他是一位著名的书法家。其实，启功不仅书法超凡，在绘画、国学上，都有着极深的造诣。启功年少时学画，颇有所成。一位长者命他作一幅画，裱后挂起。启功甚是得意，然而长者又说："画完后不要落款，请你的老师落款。"这话令启功大受刺激，遂暗下决心，发愤练字。到了后来，启功的书法竟然超越了他的绘画。启功的字，柔中带刚，温润而不失清俊之气；浑成庄重，秀美而兼有萧散简远之意。

人的动力从何而来呢？是从天上掉下来的吗？当然不是，是来自内心，表现于外在。在我们过去的经历中，一定也会遇到类似的情形：被人嘲笑、轻视。有一些已经忘了，而有一些却那么刻骨铭心。对于那些刻骨铭心的"耻辱"，你不会只是记恨吧？可有为改变耻辱如启功一样努力过？

从心理学的角度来看，当一个人的自尊心受到了强烈的负面刺激时，往往会产生强烈的羞耻感。越是好强的人、自信的人，其羞耻感越强。在羞耻之下，人很可能激发出惊人的力量与恒久的毅力。所谓"知耻而后勇"，说的就是人在遭受耻辱后的奋发图强。

拿破仑作为一名伟大的军事家，其激励士兵的口才也是极其出色的。有一次，一名士兵骑的战马在进攻时被打死了，拿破仑将自己胯下的名贵宝马让给士兵。士兵很惊恐："不，不，这是您的马，一匹非常高贵的马，我不能……""骑上它，继续冲锋！"拿破仑大声呵斥："记住，任何一匹高贵的马骑在法兰西士兵的胯下是它至高的荣誉！"士兵听了，骑上马如旋风般地冲向敌阵。这是拿破仑正面的激励。他还善于从负面着手，用激将法来鼓舞士气。

当欧洲反法神圣同盟来势汹汹地进攻法兰西时，拿破仑的军队迅速展开了一场激烈的防御战。拿破仑手下两个屡建奇功的军团由于防御任务过于艰巨，被反法军队打得落花流水，四处逃窜。这两个军团士气陷入了低落之中，纷纷后退求生。

拿破仑来了，他背着双手走过溃军，沉默不语。良久，他终于怒声传令："集合！全体士兵统统集合！"

垂头丧气的士兵们聚拢，忐忑不安地等待着拿破仑的裁决。

拿破仑双手抱胸，在队伍面前踱来踱去，步子越来越急促，皮鞋叩打着地面的声音越来越响，震得残兵败将们心惊肉跳。他们偷偷窥视统帅，烦躁不安地等待训斥。拿破仑终于满怀悲愤地开始演讲：

"你们不应该动摇信心！你们不应该随随便便丢掉自己的阵地！你们知道，夺回那些阵地是多么的不容易，要付出多大的代价呀！"

看着士兵们惭愧地低下了头，拿破仑猛然回头命令道："参谋长阁下，请你在这两个军团的旗子上写下这样一句话：我们不再属于法兰西军了。"

这下，全场一片哗然。把祖国的利益和自己的荣誉看得至高无上的士兵们，自然明白这句话的分量。他们羞愧难当，甚至有人下跪号哭道："统帅，您再给我们一次机会吧！我们要立功赎罪，我们要雪耻啊！"

拿破仑见状，相信他的军队能以自己的英勇行为洗刷上一次的耻辱，不禁神采飞扬，当众振臂高呼："对！早该这样了。这才是好士兵，才像拿破仑手下的勇士；这才是战无不胜的英雄！"

后来，面对反法同盟的疯狂进攻，恶战一场接着一场。可是，这两个军团异常骁勇，战斗力极强，几乎是攻无不克，战无不胜，多次重创敌军，建立了赫赫功勋。

兵败如山倒，军心也如山倒。面对一群残兵败将，不下一剂猛药，是无法治好泛滥成灾的低迷情绪的。拿破仑抓住士兵的内心，欲扬先抑，使用激将法把将士们的情绪煽动到了极点。让他们哭着喊着要重新投入战斗，要用鲜血来捍卫自己的荣誉。

可见，激将简直有化腐朽为神奇、起死回生的巨大力量。如果说高手的语言是一把刀的话，那么激将法绝对是一把"杀人"不见血的刀。如果说高手的语言是葫芦里的药的话，那么激将法绝对是那味药性最猛的药。

孟子说过："一怒而天下定。"这怒因刺激而起，勇气也从胆中生，许多事业凭一怒而成，也有无数坏事起于一怒之差。可见这"激"的功用，达则兼济天下，穷则祸及本身。所谓"激将"，是指对人而言，即激发人的勇气，替自己去执行任务。

没有人愿意轻易服输

激将的方式很重要，方式决定了最后的成败。唐僧因为误会孙悟空，将其赶走。后来唐僧被妖精抓了，要炖着吃。猪八戒没办法，请孙悟空出山救师父。孙悟空因为是被唐僧撵走的，心里还记恨着，但一听猪八戒说那妖精声称要剥自己的皮、抽自己的筋、啃自己的骨、吃自己的心，直气得抓耳挠腮，连忙下山打妖精救师父去了。

猪八戒看上去不灵泛，但在请猴哥出山时还真聪明。他一个巧妙的激将，就让猴哥的心里痒得慌，完全不顾师父对自己的误会，全部想法都是如何把妖精打个落花流水，以解自己心头之恨！

激将是富于戏剧性的谋略，常见于诸多典籍中。没有人愿意轻易服输，英雄人物之所以能够做出惊天动地的事，往往就因为他们争强好胜。这一点，正是激将的心理基础。激将术主要是通过隐藏的各种手段，比如言语的挑拨或事情的刺激，让对方进入激动状态如愤怒、羞耻、不服，从而去干平时不敢干、不愿干的事。

汉献帝十三年，枭雄曹操亲率百万大军压境，剑指蜀汉与东吴。诸葛亮奉刘备之命，去游说东吴联手抗曹。

诸葛亮到了吴国后，没有轻举妄动直接劝说孙权。他想先取得掌握吴国兵马大权的周瑜大将军的支持。诸葛亮和周瑜都是旷世奇才，他们的过招可谓精彩纷呈。那天，诸葛亮、鲁肃、周瑜共商大计。首先，由鲁肃进行军情汇报。周瑜听了，卖了关子：
"应该向曹操投降。"这其实不是周瑜的真实意思，他这样说是想
将诸葛亮的军。周瑜料定诸葛亮不会投降，也揣摩出了诸葛亮此
行的目的。他这样说只是想把自己放在一个有利的位置，以便在
联合抗曹的谈判中获取更大的筹码。

诸葛亮岂会轻易上当，去慌慌张张地说什么"都督万万不可"
之类的话，将自己硬生生地置于谈判劣势之下？他听了之后，只
是微微一笑，顺着周瑜的话说："将军所言极是！"这下轮到周瑜
纳闷了。

两方既然都"主张"投降，那还有什么好谈的？诸葛亮于是
转了一个弯，把鲁肃拉来当炮灰。他装出很诧异的样子，说："鲁
肃将军居然主张和曹操对抗，真是不了解天下大势。"

把鲁肃利用了一把，诸葛亮开始切入正题："吴国的投降很简
单，几乎没有任何损失，无非就是把大乔、小乔两名美女献给曹
操，这样曹操就会心满意足地退兵。"接着，诸葛亮高声朗诵起
《铜雀台赋》。

诵完了赋，诸葛亮继续说："此赋是曹操儿子曹植所作，当年
曹操在建铜雀台时，曹植特作赋来赞美，其中之'揽二桥于东南
兮，乐朝夕之与共'中，用'二桥'来影射'二乔'，意思是说
'当大王即位之后，在江河畔景盛之地建金殿玉楼，极尽庭园之
美，藏江东名媛大乔、小乔于此天天欢娱。'吴国美女无数，献上
大乔、小乔如同从大树上落下两片树叶而已，根本就没有什么大
不了的。所以，要投降的话，速速把大乔、小乔送往曹营，问题
便可顺利解决，根本不必再让将军劳神。"（诸葛亮在此篡改了曹

植原文并故意歪曲其意思，原文为"连二桥于东西兮，若长空之蝀蝀"。）

大乔是"先帝"孙策的遗孀，小乔可是周瑜的心肝宝贝，二人是江南最为绝色的姐妹花。献上大乔可谓大不义，献上小乔可谓绝无情。自古英雄皆难过美人关，多少豪杰冲发一怒只为红颜！这样无情无义的事情，岂是英雄所为？诸葛亮的话如同在周瑜身上挖心挖肺，故作深沉、得意扬扬地对诸葛亮大演其戏的周瑜再也无法保持冷静了，他离座而起，将酒杯掷碎于地上，厉声骂道："曹操这老贼未免欺人太甚！"

诸葛亮用了一个小小的激将法，就将周瑜抗曹的本意给激了出来。诸葛亮见火候已足，便趁热打铁，把当前的局势仔细地分析一遍，努力找出联合抗曹的理由与胜算，更加坚定了周瑜的信心。

果然，周瑜在次日就于文武百官面前向孙权请战，并且果断地催促孙权说："只要主公授臣精兵数千攻打夏口，臣必能大破曹军。"

"激将法"中的"激"，有两种方式，一种是从道义与情感的角度去刺激对方，让对方觉得不是愿不愿意去干，甚至不是能不能干的问题，而是无论如何都必须去干，如果不干就不符合道义，对不住自己的良心。如诸葛亮用大乔、小乔来激周瑜。另一种是纯粹激起别人的好胜心。这个方法在我们生活中经常遇到并运用。比如丈夫说："总有一天我会赚到 100 万的。"有的妻子当然会温柔地说："老公，我相信你。"但也有的妻子会说："哼，就你？做梦吧？"后者不一定是真的不相信，有时也是一种刻意的激将法。

作为男人，也许都不会喜欢后者，但对于有些只知道说而懒得行动的男人来说，还真的只有后者才管用。

激将法在我国历史由来已久，传播也十分广泛。因此在运用时，最怕被人识破。"哈哈，你想激将我，我才懒得……"类似熟悉的话一出来，就意味着你的激将宣告失败。如何让激将显得隐蔽，这点非常重要。看看下面这个服装批发商是如何激将一个服装店老板上钩的。

服装店老板说："老板，有时兴款式的牛仔裤没有？"

批发商说："有啊，不过新款有点贵……"

服装店老板说："贵是多少钱啊？"

批发商拿来样板，说："单价120元，对了，100条起发货，你那里吃得下那么多吗？"

服装店老板说："100条？小意思！关键是看货的质量与款式。"

后来的过程就不再赘言了。在他们的对话中，批发商巧妙地运用了轻微的激将法，在原本单纯的生意里，植入了一些"有点贵""你那里吃得下那么多吗"的元素，给生意增加了一点意气的成分。整个过程进行得十分隐蔽，把后者的情绪给调动了起来。虽然生意不一定会因为这些小技巧而成功，但有一定的助力是可以肯定的。

好强的人容易被激将

在《三国演义》第七十回中有这样的话："请将须行激将法，少年不若老年人。"大意是说：对好胜心强的青壮年，三请四求还不如激将。

"激将"重在要"激"出对方心中的惊涛骇浪。有些城府浅、道行低的人，几块石头投下去，就可以探得八九不离十，然后再猛地一块大石头投进去，即可大功告成。怕就怕那些城府很深的家伙，十问九不答，老奸巨猾。这类人或心如古井，或冷眼观人，激将法很难奏效，也容易被其轻易看穿。

越好胜的人越容易被激将，越鲁莽的人越容易被激将，越单纯的人越容易被激将。如果有人将这三者占尽，就是天生用来让人激将的佳品。猛张飞就是这样的极品，所以诸葛亮最喜欢时不时地用激将来"利用"他一把。经常在遇到重要战事时，先说他担当不了此任，或说怕他贪杯酒后误事，以激他立下军令状，增强他的责任感和紧迫感，激发他的斗志和勇气，扫除轻敌思想。

例如，当悍将马超率兵攻打葭萌关时，蜀汉能与马超匹敌的只有赵子龙和张飞。赵子龙领兵荆州一时回不来，于是张飞就成了担当重任的不二人选。刘备想马上遣张飞迎战，却被诸葛亮劝阻。

诸葛亮说："主公先别说，让我来激激他。"

这时，张飞听说马超前来犯，大叫而入主动请缨出战。

诸葛亮并不搭理，只是对刘备说："马超智勇双全，无人可敌，除非往荆州唤云长来，方能对敌。"

张飞听了，勃然大怒："军师凭什么小瞧我！我曾在当阳拒水断桥，独挡曹操百万大军，难道还怕马超这个匹夫！"

诸葛亮说："这是因为曹操不知道虚实，若知虚实，你怎能安然无事？马超英勇无比，天下的人都知道，他渭桥六战，把曹操杀得割须弃袍，差一点丧了命，绝非等闲之辈，就是云长来也未必战胜他。"

张飞不服气："我今天就去，如战胜不了马超，甘当军令！"

诸葛亮的目的达到了，便假装顺水推舟地说："既然你肯立军令状，便可以为先锋！"

后来，张飞与马超在葭萌关下斗了二百多个回合，难分伯仲。

明明张飞是不二人选，张飞也主劲来请缨，但诸葛亮却偏要绕个圈子，把张飞激一激，刺一刺，令张飞更加卖力地打仗，顺便还让其主动立了军令状。这个方法要是移植在现代企业管理中，也有一番独特的妙处。

猜忌心理很强的人，用激将法往往难以奏效。诸葛亮那么善于用激将法，但在老对头司马懿身上完全无效。诸葛亮率军和司马懿战于祁山，司马懿中计被烧，退至渭北扎寨，坚守不出。诸葛亮用激将法想激他出战，于是叫人送书信以及女人用的裙钗脂粉给司马懿，书信上写的大意是：司马懿你是一个大将军，应该披上战袍拿着武器来和我们决一雌雄，要是龟缩在寨子里，生怕刀枪伤到自己，和妇女有什么不同呢？现在我差人送来女人用的裙钗脂粉，你要是不出战，就拜而受之，要是有点羞耻之心，有点男人气概，就退回这些东西，我们约个时间决一死战。

司马懿看了来信，居然笑着说："诸葛亮把我看作妇人了。"不但接受了女人用品，还重赏了来使。诸葛亮完全没了辙。

除了猜忌心理很强的人不吃激将这一套，性格沉稳、大气的人，也不会轻易上当。

激将法要用对人

激将法是一味虎狼之药，与中医之以毒攻毒有异曲同工之妙。下对人或是能对症，则能化腐朽为神奇，若不对症反而会将人推入更深的沼泽。对于某些自信全无的人，激将法有时反倒会产生副作用，会引起他们"破罐子破摔"的做法：你说我没用，我就是没有用，怎么着吧？

"激将"虽然有时会取得难以料想的效果，但是决不能滥用。一旦用错，不但不能治病救人，反而会让人觉得是落井下石，效果会适得其反。现代社会中，不会有太多通过"激将"来损人利己的机会。一般来说，激将是为了别人好。在为别人好的时候，用得不好可能会背离初衷。

例如有些家长，习惯于拿自己孩子与别人的孩子比较，其实初衷是好的，想激起孩子的雄心，见贤思齐。结果比来比去，总是拿别人的优点和自己的孩子缺点相比。比多了，责骂多了，孩子不但没有刻骨铭心，反而麻木了，堕入自惭形秽的境地。"激将"终究是一剂猛药，是不可随意轻用的。

可见，使用此法要适可而止。每个人承受外界环境的刺激或压力都有一定的限度。在此限度内，给予刺激、压力的强度和"内驱力"成正比，即人们常说的"越激越奋发"，压力变动力，属于有能力而没有勇气完成的，那就激将；如果超过了这一限度，就会导致与期望相反的反应，强弩之末不能穿透一张白纸，任你如何激将，他是死猪不怕开水烫。既没本事又没勇气，激将法其奈我何？如此看来，激将要用在合适的人身上。

激将不是激化矛盾，必须有好的动机和可以把握的结果。淮阴无赖侮辱韩信胆小，扬言"要么你杀了我，要么你从我胯下钻过去"。还好他遇到的是韩信，要是遇到项羽、刘邦随便哪一个，其命休矣。一流的激将法首先应该是善意的，如果损人利己，终有暴露的一天。很多时候，激将之所以奏效，不是对方不明就里，而是被施计人的激情和良苦用心所触动。

对身边最亲近的人激将法有风险，对于不太亲近的人激将法同样也有风险。你说我不行？我行不行关你屁事！——人家就算嘴上不说，心里也不定会这么想。结果就产生了怨恨或冲突，何必呢？

激将作为偏门，只能在特殊的情景与场合下使用。诸葛亮当年从水镜先生那里顺利出师，用的就是激将法，把水镜先生骂得狗血淋头。水镜先生在气急败坏之中，忘了正在举行的考试的题目——无论用任何方法，只要得到老师的允许走出教室就可以出师，叫庞统、徐庶把诸葛亮赶出教室。

或许是因为有了这么一个理想的开头，诸葛亮玩激将法似乎上瘾了。可惜他那么聪明，也没有想到"术法不可久耍"的道理。

老耍，难免被别人看穿，然后失灵。例如魏延，在一次诸葛亮对他的战前激将中就无动于衷，硬是不接他的茬。诸葛亮有些恼怒，大约也是在那时候认定其有"反骨"，动了杀机。而当大总管的诸葛亮有了这个想法，魏延不想反怕也是迟早会被逼得造反。

　　世事是以成败论英雄的。不少人为了达到目的，不择手段。就以"激将法"来说，成则是"运筹帷幄"的谋士，败则是"搬弄是非"的小丑。因为毁誉只有一板之隔，在施术的时候一定要反复推敲方法，切不可鲁莽行事。

第九章
幽默风趣：谈笑之间定乾坤

口才再好，若是没有幽默感，就好比一个园林里楼亭阁榭，有山有水，有草有木，就是没有花。没有花的园林，布局再合理，也少了些灵气与生动；没有幽默的口才，说话再雄辩，同样也少了些灵气与生动。

在人与人的交流沟通中，互动的齿轮有时会出现干涩，这时，幽默是最理想的润滑剂，它能使僵滞的人际关系活跃起来，此外，幽默还是缓冲装置，可使一触即发的紧张局势顷刻间化为祥和；幽默又是一枚包裹了棉花团的针，带着温柔的嘲讽，却不伤人。

幽默拉近人与人的距离

马克·吐温曾经说："让我们努力生活，多给别人一些欢乐。这样，我们死的时候，连殡仪馆的人都会感到惋惜。"马克·吐温的话既有幽默感，又富有哲理。

有人说：笑是两个人之间最短的距离。会心一笑，可以拆除心与心之间的戒备；超然一笑，可以化解人与人之间的隔膜；开怀一笑，可以放松身心——这就是幽默谈吐在人际交往中的巨大作用。一个具有幽默感的人，能时时发掘事情有趣的一面，并欣赏生活中轻松的一面，建立起自己独特的风格和幽默的生活态度。这样的人，容易令人想去接近；这样的人，使接近他的人也分享到轻松愉悦；这样的人，更能增添人生的光彩，更能丰富我们生活的这个社会，使生活更具魅力，更富艺术。

法国作家小仲马有个朋友的剧本上演了，朋友邀小仲马同去观看。小仲马坐在最前面，总是回头数："一个，两个，三个……"

"你在干什么？"朋友问。

"我在替你数打瞌睡的人。"小仲马风趣地说。

后来，小仲马的《茶花女》公演了。他便邀朋友同来看自己剧本的上演。这次，那个朋友也回过头来找打瞌睡的人，好不容易终于也找到一个，说："今晚也有人打瞌睡呀！"

小仲马看了看打瞌睡的人，说："你不认识这个人吗？他是上一次看你的戏睡着的，至今还没醒呢！"

小仲马与朋友之间的幽默是建立在一种真诚的友谊基础之上的，丢掉虚假的客套更能增进朋友之间的友谊。可见，交朋友要以诚为本。朋友之间要以诚相待，互相关心，互相尊重，互相帮助，互相理解。爱人者人恒爱之；敬人者人恒敬之。关心别人，才会得到别人的关心；尊重别人，才会得到别人的尊重；帮助别人，才会得到别人的帮助；理解别人，才能得到别人的理解。

在家庭生活中，男人常常会因为自己的妻子为赶时髦去购买时装而产生烦恼，免不了一番发泄，但这往往会伤害夫妻情感。如果你是一个有修养的男子，面对这种窘境，即使是批评，也应采取一种幽默的方式，既消弭矛盾，又不伤感情，并给生活增添一份情趣。

妻子："今年春天，不知又流行些什么时装？"

丈夫："和往常一样，只有两种，一种是你不满意的，另一种是我买不起的。"

这位丈夫的幽默，一般通情达理的妻子均能接受，两个人此时都会为之一笑。

谁不喜欢富有幽默感的人呢？即便是没有幽默感的人，对于幽默的人大概也是欣赏与喜欢的吧？因为任何人的内心都喜欢阳光与欢乐，而具有幽默感的人，他们身上散发着阳光与欢乐的气息。

人们已经厌倦了腥风血雨，已经厌倦了指桑骂槐，已经厌倦了人与人之间的指责与谩骂。现代生活中的幽默，也就是与人为善，它追求的是人与人之间的和谐以及人的发展与完善。麦克阿瑟将军，他在为儿子所写的祈祷文中，除了求神赐他儿子"在软弱时能自强不屈；在畏惧时能勇敢面对自己；在诚实的失败中能够坚韧不拔；在胜利时又能谦逊温和"之外，还向上帝祈求了一样特殊的礼物——赐给他儿子以"充分的幽默感"。可见，幽默是人生多么值得拥有与追求的馈赠。

西方人对于幽默非常重视，但或许由于文化上的差异，幽默在我国并不太受到人们的重视。据南开大学社会学系的一项调查显示，我们的家庭成员在情感交流中，有六成的妻子认为丈夫少有幽默的情调，七成的丈夫认为妻子缺乏幽默感，而认为父母毫无幽默细胞的子女接近有九成！这一数据显然应该引起我们的重视和警觉。

每逢时代踏进新阶段时，幽默便会兴旺起来。它对于生活中古旧的一切、虚妄的一切，宣告了它们末日的来临。我们正在迎接这一时代！

幽默能活跃气氛

与人初次见面时，若没有一个善于说话的人，有时候场面会出现拘谨。如果有一个人说话幽默一点，能将气氛活跃，不仅交流会更顺畅，而且有利于迅速增进友谊。

著名国画大师张大千与著名京剧艺术大师梅兰芳神交已久，相互敬慕。在一次张大千举行的送行宴会上，张大千向梅兰芳敬酒，出其不意地说：

"梅先生，您是君子，我是小人，我先敬您一杯！"

众人先是一愣，梅兰芳也不解其意，忙问："此语做何解释？"

张大千朗声答道："您是君子——动口；我是小人——动手！"

张大千机智幽默，一语双关，引来满堂喝彩，梅兰芳更是乐不可支，把酒一饮而尽。

大多数人都有广交朋友的心，苦的是没有行之有效的方法，如果我们能像张大千一样，注意感受生活，勤于思考，有一天我们也会变得和他一样幽默风趣，到那时候，对我们来说世界就不再是陌生的了，因为陌生人也会乐意成为我们的朋友。

在陌生的场合登台，或在人多的场合演讲，也是考验一个人口才的时候。启功先生是个幽默风趣的人，平时爱开玩笑，他当老师时，给新生们说的第一句话常常是："本人是满族，过去叫胡人，因此在下所讲，全是胡言。"引起笑声一片。他的老本家、著名作家、翻译家胡愈之先生，也偶尔到大学客串讲课，开场白就说："我姓胡，虽然写过一些书，但都是胡写；出版过不少书，那是胡出；至于翻译的外国书，更是胡翻。"几句"胡话"，就将课堂气氛搞活、师生关系拉近。

社交需要庄重，但长时间保持庄重气氛就会使人精神紧张。寓庄于谐的交谈方式比较自由也比较轻松，在许多场合都可以使用。美国人柯林斯是第一批登陆月球的航天员之一，有一次参加一个私人餐会。酒足饭饱之余，大伙儿起哄要求作为名人的他进行即席演说。柯林斯推却不过，只得站起身来，高举双手让大家安静下来，随即便开口问道："我想提出一个老问题，究竟谁比较话多？是女人，还是男人？"

由于美国人有携伴参加晚宴的礼节习惯，餐会中的宾客们，在柯林斯的问题提出来之后，所有人立刻分成两派，两边的人数居然不相上下。认为男人话多的，清一色全都是女人；而认为女人话多的全数都是男人。

柯林斯满意地看了看两边的男男女女，继续他的话题："根据社会行为学专家的研究证实，女人平均一天说大约28000个字；而男人一天当中，则说33000个字。所以，按照科学的观点来看，应该是男人比较长舌。"宴会中马上传出一片嘈杂的嗡嗡声，女人们得意地向她们的男伴示威，而男性则对柯林斯发出不平之鸣。

柯林斯又再次挥了挥手，等众人平静下来之后，他继续道："这当中的问题是，每天当我在外面工作时，将配额内的33000字基本用完了。下班回到家里时，我太太的那28000个字，却才刚要开始。"众人随着柯林斯的话沉寂了不到半秒钟，马上爆出一阵热烈的掌声及喝彩。看来，似乎每个人都对这样的结果满意到了极点。

此外，在交谈中，不时穿插一些意想不到的、貌似荒谬而实则有意义的问题，是很好的一种活跃气氛的形式。一群闺中密友聚会，叽叽喳喳，谈到了找对象的问题。刘妹妹问吴妹妹："你愿意嫁给一个有钱但丑的富公子，还是嫁给一个很帅却没钱的英俊哥？"这类问题其实没多大的意义，但女人们似乎都喜欢探讨。吴妹妹的回答很风趣："我白天在富公子家生活，晚上到英俊哥家住宿。"那些一本正经的人会给人古板、单调、乏味的感觉，也会把交谈变得索然无味。也许会有人时常问你一些荒谬的问题，如果你直斥对方荒谬，或不屑一顾，不仅会破坏交谈气氛、人际关系，而且会被认为缺乏幽默感。

和朋友久别重逢后不免寒暄一番，你完全可以借此幽默一把。例如见到一个戴了帽子的朋友，你可以用羡慕的口气对他说："老兄你真的是帽子向前，不比往年啊。"轻松幽默的高帽子，立马使整个气氛变得和谐。对方听了，笑哈哈地将帽子反转，你还可以跟进："哎呀，这下是帽子向后，齐步快走！"帽子还变吗？变左变右，总有话说。怎么说？读者你自己去想吧，两个四字词语最后一个押韵，不难。

机智幽默，化解干戈

如果你在餐厅点了一杯啤酒，却赫然发现啤酒中有一只苍蝇，你会怎么办？在你回答之前，让我们看看别人是怎么办的。英国人会以绅士的态度吩咐侍者："请换一杯啤酒，谢谢！"西班牙人不会去喝它，留下钞票后不声不响地离开餐厅。日本人会令侍者去叫餐厅经理来训斥一番："你们就是这样做生意的吗？"沙特阿拉伯人则会把侍者叫来，把啤酒递给他，然后说："我请你喝杯啤酒。"德国人会拍下照片，并将苍蝇委托权威机构做细菌化验，以决定是否将餐馆主人告上法庭。美国人则会向侍者说："以后请将啤酒和苍蝇分别放置，由喜欢苍蝇的客人自行将苍蝇放进啤酒里，你觉得怎么样？"美国人的这种处理方式既幽默，又能达到让人接受的目的。

一位顾客在某餐馆就餐。他发现服务员送来的一盘鸡居然缺了两只大腿。他马上问道："上帝！这只鸡连腿也没有，怎么会跑到这儿来呢？"

一位车技不高的小伙子，骑单车时见前边有个过马路的人，连声喊道："别动！别动！"

那人站住了，但还是被骑车的小伙子撞倒了。

小伙子扶起不幸的人，连连道歉。那人却幽默地说："原来你刚才叫我别动是为了瞄准呀！"

幽默并不是回避、无视生活中出现的矛盾，而是以幽默的方式展示一种温和的批评。设身处地地想想，在餐厅点的啤酒里有只苍蝇，要的鸡呈上来全是骨头，好好走路无辜被骑车人撞倒，你还有心思开玩笑吗？

这修养，不知要经过多少年的火候才能修炼出来。由于有了幽默、洒脱的态度，生活中许多尖锐的矛盾，并不需要大动干戈就能得到解决。

男女朝夕相处，天天锅碗瓢盆，始终举案齐眉、相敬如宾反而是一种不正常的现象，有人戏称之为"冷暴力"。小吵小闹有时反会拉近夫妻间的距离，同时也能使内心的不满得以宣泄，如果再佐之以幽默、机智的调侃，无疑会使夫妻双方得到一次心灵的净化，保证了家庭生活的正常运行，请看下面这几对夫妻的幽默故事。

驾车外出途中，一对夫妻吵了一架，谁都不愿意先开口说话。最后丈夫望着不说话的妻子，指着远处一头驴子说："你不说话，难道和它是亲戚关系吗？"妻子答道："是的，夫妻关系。"

丈夫本来想把不会说话的驴子和不愿说话的妻子拉扯到一起，

既调侃了妻子，又打破沉默的气氛。但想不到妻子更加厉害，一句妙语把丈夫的话挡了回去，玩了一个更大的幽默。这样聪明幽默的夫妻，即使吵架也不会吵得打架上吊。

妻子临睡前的絮絮叨叨总是令老王十分不快。一天夜里，妻子又絮叨了一阵后，说："家里的门窗都关上了吗?"老王回答："老婆子，除了你的话匣子外，该关的都关了。"

以上两则故事中的夫妻幽默均恰到好处地表达了自己怨而不怒的情绪。有丈夫对妻子缺点的讽刺，但其幽默的答辩均不至于使对方恼羞成怒。如妻子用夫妻关系回敬丈夫也是一头驴，丈夫用巧言指责妻子絮叨，这些幽默的话语听上去自然天成，又诙谐有趣。这些矛盾同样有可能发生在我们每一个家庭之中，有时却往往因为两三句出言不逊的气话而使矛盾激化。

用幽默化解敌意

做人要力避树敌，但一个有才能的人是避免不了有或多或少的反对者。正所谓"木秀于林，风必摧之"。如何面对反对者充满敌意的进攻？有一次，温斯顿·丘吉尔的政治对手阿斯特夫人对他说："温斯顿，如果你是我丈夫，我会把毒药放进你的咖啡里。"

丘吉尔哈哈一笑之后，严肃而又认真地盯着对方的眼睛说："夫人，如果我是你的丈夫，我就会毫不犹豫地把那杯咖啡喝下去。"

阿斯特夫人的进攻是如此咄咄逼人，丘吉尔若不回击未免显得自己软弱，而回击不慎却可能导致一场毫无水准的"泼妇骂街"。丘吉尔毕竟是丘吉尔，一记顺水推舟的幽默重拳，打得飞扬跋扈的阿斯特夫人满地找牙却无从回手！

民主党候选人约翰·亚当斯在竞选美国总统时，遭到共和党污蔑，说他曾派其竞选伙伴平克尼将军到英国去挑选四个美女做情妇，两个给平克尼，两个留给自己。约翰·亚当斯听后哈哈大笑，马上回击："假如这是真的，那平克尼将军肯定是瞒着我，全都独吞了！"

约翰·亚当斯最后当选，成为美国历史上的第二任总统。亚当斯的胜利当然不应全归功于幽默，但却不能否认幽默魅力的功用。几乎人人都有遭受冷箭伤害、谣言中伤的经历。放冷箭、造谣言的成本极低，杀伤力却极大。加上"好事不出门，坏事传千里"的传播学原理，一旦处理不当，便会对被诋毁者造成极大的不利局面。试想一下，如果亚当斯听到攻击之后气急败坏、暴跳如雷、脸红脖子粗，或辱骂共和党的卑鄙中伤，或对天发誓："若有此等丑闻，天打雷劈！"这样地抓狂，不仅有失一个总统候选人的风度与理智，也有可能陷入既无聊无趣又无休止的辩论泥潭之中——何况真理是越辩越明还是越描越"黑"这都有待商榷。

在冷箭的包围中、谣言的旋涡里，如何从容脱身，实在是一门大学问。置身此类局面下的人，不妨运用幽默的武器，以四两拨千斤的姿态，或许可以潇洒地把对方打个四脚朝天。

值得注意的是，幽默的用心是爱，而不是恨。林语堂先生说过：幽默之同情，这是幽默与嘲讽之所以不同，而尤其是我热心提倡幽默而不很热心提倡嘲讽之缘故。幽默绝不是板起面孔来专门挑剔人家，专门说俏皮、奚落、挖苦、刻薄人家的话。并且我敢说幽默是厌恶此种刻薄讽刺的架子。

有一次，诗人马雅可夫斯基在大会上演讲，他的演讲尖锐、幽默，锋芒毕露，妙趣横生。忽然有人喊道："您讲的笑话我不懂！""您莫非是长颈鹿！"马雅可夫斯基感叹道："只有长颈鹿才可能星期一浸湿的脚，到星期六才能感觉到呢！"

"我应当提醒你，马雅可夫斯基同志，"一个矮肥模样的人挤到主席台上嚷道，"拿破仑有一句名言：'从伟大到可笑，只有一步之差！'""不错，从伟大到可笑，只有一步之差。"马雅可夫斯基边说边用手指着自己和那个人。

马雅可夫斯基接着开始回答台下递上来的条子上的问题：

"马雅可夫斯基，您今天晚上得了多少钱？""这与您有何相干？您反正是分文不掏的，我还不打算与任何人分哪！"

"您的诗太骇人听闻了，这些诗是短命的，明天就会完蛋，您本人也会被忘却，您不会成为不朽的人。""请您过一千年再来，到那时我们再谈吧！"

"你说应当把沾满'尘土'的传统和习惯从自己身上洗掉，那么您既然需要洗脸，这就是说，您也是肮脏的了。""那么您不洗脸，您就自以为是干净的吗？"

"马雅可夫斯基，您为什么手上戴戒指？这对您很不合适。""照您说，我不应该戴在手上，而应该戴在鼻子上喽！"

"马雅可夫斯基，您的诗不能使人沸腾，不能使人燃烧，不能感染人。""我的诗不是大海，不是火炉，不是鼠疫。"

马雅可夫斯基在别人的攻击与诋毁之下，丝毫不乱阵脚，举起幽默的宝剑将那些来自四面八方的冷箭干净利落地斩断。

这就是幽默的力量。它能让一个人面对谩骂、诋毁与侮辱时，毫发不损地保全自己。

我们什么时候看到过富有幽默感的人在交流或论辩中被动过？即使是身处完全不讲理的险恶境地，他们也能以自己高超的幽默腾挪闪打、游刃有余。

幽默是社交之中的润滑剂

有一位身材矮小的男教师走上讲台时，学生们有的面带嘲讽，有的交头接耳暗中取笑。

这位老师扫视了一下大家，然后风趣地说："上帝对我说：'当今人们没有计划，在身高上盲目发展，这将有严重后果。我警告无效，你先去人间做个示范吧。'"

学生们哄然大笑，然后鸦雀无声。很显然，他们都为老师的幽默智慧所折服，忘记了他身材的缺陷。

幽默是社交之中的润滑剂，能使难解的麻纱顺畅解开，还能使激化的矛盾变得缓和，从而避免出现令人难堪的场面，化解双方的对立情绪，使问题更好地解决。

有一位女歌手举办个人演唱会，事前举办方做了大量的宣传，但到了演出的那天晚上，到场的观众不到一半。女歌手没有面露失望的情绪，她镇定自若地走向观众，拿起话筒，面带微笑地说道："我发现这个城市的经济发展迅速，大家手里都很有钱，今天到场的观众朋友每人都买了两三张票。"全场爆发出了热烈的掌声。第二天的许多媒体娱乐版的报道，也纷纷为这位歌手的豁达和幽默叫好，为原本陷入尴尬的女歌手树立了良好的形象。

这位歌手在演唱会上，面对过低的上座率，心里没有遗憾与痛楚是不可能的。心里不舒服，但又必须战胜这种不舒服，以阳光的姿态去把最好的自己献给买票进场的观众，怎么办？唯有借助幽默。幽默是有文化的表现，是痛苦和欢乐交叉点上的产物。一个人不经历痛苦、辛酸，便不懂得幽默。而假如他没有充足的自信和希望，也不会幽默，他的痛苦与辛酸也就白费了。

无独有偶。一位著名的歌手参加一个大型的露天晚会。她在走上舞台时，不慎踢到台阶突然摔倒。面对这种情况，如果什么也不说就起来，就会给全场观众留下不好的印象，但她急中生智，说道："看来这个舞台不是一般人都能来的，门槛真高呀！"大家都笑了，她更是保持了自己的风度，巧妙地借幽默摆脱了尴尬。

在总统竞选大会上，西奥多·罗斯福演说完后，轮到回答听众提问的时间了，由他身边的一个主持人帮他念观众递上来的条子。在回答了几个选民们关心的问题后，照本宣科的职业习惯让主持人将一张条子上写的两个字原原本本地大声念出："笨蛋！"

主持人的话刚落，连他自己也傻眼了，台下的反对派开始大声起哄。

"亲爱的同胞们！"罗斯福镇静地说："我经常收到人们忘记署名的信，但现在我生平第一次接到一封只有署名，但没有内容的信！"

罗斯福明知是反对派在搞鬼，用这种无聊的方式谩骂自己。

但他并不正面去斥责这种行为，而是用幽默的手段，轻巧地将"笨蛋"的帽子还给了对手，从容地化解了尴尬，控制住局势。

人是情感动物，都有着一方自己的情感天地，可是这块天地没有"篱笆"，经常有外物闯入，恣意践踏，让情感受到伤害，自尊受到打击。特别是人的薄弱环节，如缺点、毛病、难堪等，经常受到别人的侵害、笑话。面皮薄的人内心就会受到很大的打击，对生活失去信心，但有的人却能应付自如。面对对方的诘难，自己吹着喇叭，自己擂鼓，把自己夸耀一通，巧妙地渡过难关。这有时不免有些滑稽，因为现实情况与其所吹嘘的反差太强烈，明眼人一下就能看穿，但是，幽默似乎就在其间产生了。

萨马林陪着斯图帕科夫大公去围猎，闲谈之中萨马林吹嘘自己说："我小时候也练过骑马射箭。"

大公要他射几箭看看，萨马林再三推辞不肯射，可大公非要看看他射箭的本事。实在没法儿，萨马林只好张弓搭箭。

他瞄准一只麋鹿，第一箭没有射中，便说："罗曼诺夫亲王就是这样射的。"

他再射第二箭，又没有射中，说："骠骑兵将军也是这样射的。"

第三箭，他射中了，他自豪地说："瞧瞧，这才是我萨马林的箭法。"

萨马林本不善射箭，无意中吹嘘了一下，不料却被大公抓住把柄，非要看他出丑不可。好在萨马林急中生智，把射失的箭都推到别人身上，仿佛自己失手是为了做个示范似的，终于射中一箭，才揽到自己身上，并不失实际地再次夸耀一番。靠幽默的帮助，他总算没有当场出洋相。而斯图帕科夫大公也一定知道这家伙在吹牛，但有这么有趣的幽默垫底，谁会去计较那些无伤大雅的事情呢，开怀一笑多好。

威尔逊是英国的前首相。有一天，威尔逊在一个广场上举行公开演说。当时广场上聚集了数千人，突然从听众中扔来一个鸡蛋，正好打中他的脸，安全人员马上下去搜寻闹事者，结果发现扔鸡蛋的是一个小孩。威尔逊得知之后，先是指示属下放走小孩，同时叫助手记录下小孩的名字、家里的电话与地址。

台下听众猜想威尔逊可能要处罚小孩子，开始有些骚动起来。这时威尔逊对大家说："我的人生哲学是要在对方的错误中，去发现我的责任。方才那位小朋友用鸡蛋打我，这种行为是很不礼貌的。虽然他的行为不对，但是身为一国首相，我有责任为国家储备人才。那位小朋友从下面那么远的地方，能够将鸡蛋扔得这么准，证明他可能是一个很好的人才，所以我要将他的名字记下来，以便让体育大臣注意栽培他，将来也许能成为棒球选手，为国效力。"威尔逊的一席话，把听众都说乐了，演说的气氛顿时变得轻松融洽。

如何培养幽默细胞

幽默有时让人感到神秘。有人想学，却无法学会；有人没怎么学，却脱口而出。于是，有些不够幽默的人便认为：我不幽默，是因为我没有幽默细胞。幽默细胞是什么呢？毫无疑问，用高倍显微镜来进行物理观察，我们是无法看到一种叫"幽默"的细胞的。这也许能成为幽默非天生的一个论据。下面笔者用人文的视角来分析幽默的构成。

首先，只要我们留心那些幽默感十足的人，就会发现他们的心理素质一般都优于常人，而良好的心理素质也不是天生的，需要后天的锻炼和培养。以幽默口才素质和需要来说，心理素质首先需要自信。一个常常为自己的职业、容貌、服饰、年龄等因素而惴惴不安、自惭形秽的人，如何在适当的场合进行优雅的表演？

安徒生很俭朴，经常戴个老式的帽子在街上行走。有个过路人嘲笑他："你脑袋上边的那个玩意儿是什么？能算是帽子吗？"安徒生干净利落地回敬："你帽子下边的那个玩意儿是什么？能算是脑袋吗？"没有高度的自信，恐怕安徒生早就在他人的取笑中发窘，或者勃然大怒，哪能灵光一现，作一个绝妙的反击？

其次，冷静也是幽默高手的一项心理特质。冷静，是使人们的智慧保持高效和再生的条件。因为只有在头脑冷静的情况下，人们才能迅速认准并抑制引起消极心理的有关因素，同时认准和激发引起积极心理的有关因素。英国首相威尔逊在一次群众大会上演讲时，反对者在下面鼓噪，其中一人高声大骂："狗屎、垃圾！"面对听众可能产生的误解和骚动，威尔逊首相沉稳地报以宽厚的微笑，非常严肃地举起双手表示赞同，说："这位先生说得好，我们一会儿就要讨论你特别感兴趣的脏乱问题了。"捣乱分子顿时哑口无言，听众则报以热烈的掌声。

最后，乐观是幽默高手具有的另一个重要素质。俄国著名寓言作家克雷洛夫早年生活穷困。他住的是租来的房子，房东要他在房契上写明，一旦失火，烧了房子，他就要赔偿 15000 卢布。克雷洛夫看了租约，不动声色地在 15000 后面加了一个零。房东高兴坏了："什么，150000 卢布？""是啊！反正一样是赔不起。"克雷洛夫大笑。幽默感的内在构成，是悲感和乐感。悲感，是幽默者的现实感，就是对不协调的现实的正视。乐观，是幽默者对现实的超越感，是一种乐天感。没有幽默感的人不会积极地看待这个世界，不会乐观地看待自己的生活。当然乐观不是盲目的，而是有所依附，是一种透彻之后的豁达。乐观地看待你的生活，幽默自然而生。

良好的心理素质是幽默的根基，幽默的主干是广博的知识。幽默的思维经常是联想性与跳跃性很强的，如果不具备广博的知识来支持，你的思维跳来跳去也就那么大的一块地方。因此，提高自己的幽默水准，需要不断地拓展知识门类和视野，提高对事物的认知能力。

有了根基与主干后，幽默要开花结果，还需要一些具体的枝枝叶叶。也就是说，究竟哪些话容易形成幽默，给人带来笑声呢？

首先，奇特的话使人开心而笑。幽默的最简单的表现方法就是令人惊奇地发笑。康德所讲的"从紧张的期待突然转化为虚无"，正是基于幽默的结构常常能造成使人出乎意外的奇因异果。例如，爸爸对儿子说："牛顿坐在苹果树下，忽然有一个苹果掉下，落在他的头上，于是，他发现了万有引力定律。牛顿是个科学家！""可是，爸爸，"儿子从书堆中站了起来，"如果牛顿也像我们这样整天放学了还坐在家里埋头看书，会有苹果掉在他头上吗？"本来爸爸是讲牛顿受苹果落地的启示，但儿子却冷不丁冒出一句含有不应该埋头读书的结论，真是出乎意外，超出常理。儿子的话在逻辑上是不合常理的，但这样的话新奇怪异，使人大大出乎意料，所以能引来别人的笑。相信故事中的爸爸在笑过之后，对于自己的教育方式会有所反思。

幽默就是要能想人之未想，才能出奇致笑。有人说："第一个把女人比喻成花的是智者，第二个把女人比喻成花的是傻瓜。"这句话似乎有点偏激，但新奇、异常的确是幽默构成的一个重要因素。

其次，巧妙的话使人会心而笑。运用幽默的核心是应该有使人赞叹不已的奇思妙想，从而产生令人欣赏的欢笑。俗话说："无巧不成书。"巧可以是客观事实上的巧合，但更多的是主观构思上的巧妙。巧是事物之间的某种联系，没有联系就谈不上巧。如果能在别人没有想到的方面发现或建立某种联系，并顺乎一定的情理，就不能不令人赏心悦目。

比如，某学生的英语读音老是不准，老师批评他说："你是怎么搞的，你怎么一点都没进步呢？我在你这个年纪时，已经读得相当准了。"学生回答："老师，我想原因一定是您的老师比我的老师读得好。"

最后，荒诞的话使人不禁而笑。幽默的内容往往含有使人忍俊不禁的荒唐言行，从而使人情不自禁地发笑。俗话说："理不歪，笑不来。"荒谬的东西是人们认为明显不应该存在的东西，然而它居然展现在我们面前，不能不激起我们心灵的震荡，发笑。张三的女儿周岁那天，有上门祝贺的朋友开玩笑说闺女长大了给他儿子做老婆，两家结成儿女亲家算了。指腹为亲在新时代当然已经只是一种玩笑而已，当不得半点真，张三答应下来无伤大雅，粗暴拒绝则有看不起对方之嫌。但张三居然巧妙地拒绝了，他说："不行不行，我女儿才1岁，你儿子就2岁了，整整大了一倍，将来我女儿20岁，你儿子就40岁了，我干吗要找个老女婿！"

风平浪静的水面，投进一块石头，就会一下子发出响声。常规思维的心理，被超常的信息搅扰，也会引起心波荡漾、心潮起伏、心花怒放。奇异、巧妙、荒谬就是这种超常的信息，就是幽默之所以致笑的要因，也是我们学会幽默应把握的要诀。

说来说去，幽默其实与人的气质培养类似，而幽默本身也是一种独特的性情气质。如果你知道一个人良好的气质该如何培养，也应该联想到一个人高超的幽默感是如何拥有的。

第十章
三思而言：言语伤人胜钢针

钢针扎入人体，尚且可以拔出来，而话语进了人的耳里心中，你却无法从别人的体内拿出来。因此《圣经》里有这样说——世界上无法留住的三样东西：飞出去的箭、说出去的话和逝去的光阴。佛家则认为，人的话是"因"，一旦说了，"果"便已经注定，并且再也改变不了了。

这些经典，在用他们的方式来告诫世人：说话一定要三思而言、小心谨慎。说话是这个世界上最容易的一件事，如果没有生理上的缺陷，我们都可以张嘴就说。但如何说好它，不要让自己为说过的话感到后悔，却是一门学问。

尖酸刻薄，伤人心肺

一则法国谚语说："语言造成的伤害比刺刀造成的伤害更让大家感到可怕。"布雷姆夫人在其《家》一书中说："老天爷禁止我们说那些使人伤心痛肺的话，有些话语甚至比锋利的刀剑更伤人心；有些话语则使人一辈子都感到伤心痛肺。"

在我们身边，经常会遇到这样一些人：长着一张能说会道的利嘴，可用错了地方，嘴损，尖酸刻薄，说话不讲情面，给人不留丝毫余地。在社交中，只要谁得罪了他，他可要鼓起如簧之舌，喋喋不休，不遗余力地对人极尽冷嘲热讽、恶毒攻击。这种尖酸刻薄的人通常有两种类型，低级别的和高级别的。

所谓低级别的，除了心胸狭窄的"长舌妇"之外，最常见的就是那些没心没肺的"莽汉"。前者是处心积虑来伤害别人，后者是无心之错，想啥说啥，可是说完就忘。

一个樵夫在砍柴时，救了一头被机关卡住的母熊。母熊非常感激樵夫，对他说："您是我的救命恩人，如果有什么需要我帮助，我会尽力而为。"

一次上山砍柴，樵夫遇见了老虎，幸亏熊舍命相救，方才躲过一劫。那天因为天色已晚，熊邀请樵夫到了熊窝，安排他住了一宿，并以丰盛的晚餐款待了他。翌晨，樵夫起身走。熊吻了吻樵夫，说，"原谅我吧，兄弟，没有能好好地招待您。"

"不是这样的，"樵夫回答，"招待得很好，只是我唯一不喜欢的一点，就是你身上那股臭味。"

熊听了快快不乐。他对樵夫说："拿斧子砍我的头。"樵夫举起斧子轻轻打了一下。"砍重一点！"熊说完，抢过樵夫的斧子使劲砍了一下，鲜血从熊头上浸出来，熊没吭声，樵夫就走了。

若干年后，樵夫在砍柴时遇见了熊。樵夫问："你的伤口愈合了吗？"

"什么伤口？"熊问。

"我打你头留下的伤口。"

"噢，那次痛了一阵，后来就不痛了，伤口愈合后，我就忘了。不过那次您说的话，就是您用的那个词，我一辈子也忘不了。"

尖酸刻薄的话，伤在人的心上，是看不见的暗伤。看得见的明伤好治疗，看不见的暗伤难痊愈。嘴上损人只须一句话，别人记恨或许是一辈子。良言一句三冬暖，恶语几字六月寒。某高僧在给其弟子的一封信中写道："祸从口出而使人身败名裂，福从心出而使人生色增光。"它的意思是：有时说话的人并无恶意，但对听者而言，却可能是伤及其自尊心的恶语，所以劝诫人们，说话应谨慎，只说该说的话。

我们再来看看高级的"嘴损"。这些人是有一定知识层次的人，这种人看上去全不像泼妇和莽汉那样没素质、缺乏教养，可要损起来就是十个泼妇也抵不上他：泼妇无非是匹夫之勇，而他却是智者之谋。这类人最大的特点是：不露声色，娓娓道来，转弯抹角，可结果却是让别人难堪至极。

1825年，沙皇尼古拉一世刚刚登基，就爆发了一场反对他的叛乱。尼古拉一世平定了这场叛乱，并将抓获的叛乱领袖李列耶夫判处绞刑。

在行刑的那一天，发生了一件奇怪的事情。李列耶夫在绞刑架上还没有断气，勒在脖子上的绳索居然断裂了！

在当时，执行绞刑时绳索断裂被当成是上帝恩宠的旨意，犯人因此能够得到赦免。

李列耶夫在恍惚中摔落在地，他睁开眼睛，看了看四周惊讶无比的围观者。在确信自己保住了性命后，李列耶夫掩盖不住内心的喜悦，兴奋地对着人群大喊："你们看，在俄国他们不懂得如何正确做任何事，甚至连制造绳索也不会。"

一名信使立刻前往宫殿向沙皇报告行刑失败的消息。虽然懊恼于这令人失望的变化，尼古拉一世还是依照惯例提笔签署赦免令。

"奇迹发生之后，李列耶夫有没有说什么？"沙皇好奇地问信使。

"陛下，"信使便回答，"他说俄国人甚至不懂得如何制造绳索。"

"哦？这种情况下，"沙皇顿了顿，说，"我们有必要证明事实正好相反。"

于是沙皇撕毁了赦免令。

第二天，这个叫李列耶夫的幸运儿再度被推上绞刑台。很显然，这一次他的好运气不会再来了，行刑人为他准备了一条足可以吊死一头大象的绳索。

祸从口出，李列耶夫其实是死于自己"刻薄的嘴下"。不知道第二次站在绞刑架下的李列耶夫，是否会后悔当初的刻薄。

台北县萧崇烈一家三口灭门的血案，在警方锲而不舍的侦缉后宣告侦破。凶嫌邓笑文被捕后，供认自己因受经营堆高机生意的萧崇烈"讥讽"而萌发杀机，并在行凶后担心事情败露，再杀其妻女灭口。

邓笑文交代：两个月前，死者萧崇烈用刻薄的话刺激他、耻笑他，并用手指指他胸前，笑他"没什么用"，开堆高机那么久了，仍然是"给人请（聘雇）"，不像其他开堆高机的人没多久就当了老板。对这样的"讥讽"，邓笑文怀恨在心，后来萧崇烈只要与他碰面，就不断嘲笑他，以致使他萌生杀人泄恨之心。

据警方表示，凶嫌邓笑文心智健全，但因受到对方不断的讥讽和嘲笑而杀人，这成为历年来灭门血案的特殊案例，颇值得人们反思。说话得体，则让人高兴；尖酸刻薄，只会让人伤心。一句话即使是同一个意思，出自两个人之口，听起来也有区别。你信口开河，根本意识不到会伤害他人，但别人会认为你是有意的，俗话说"口乃心之门"，你明显是故意伤害他。

言辞引起冲突而萌生杀机的情况，其他民族亦有所闻。法国巴黎有一名"美食专栏作家"，经常在文章中特殊赞誉某家餐厅，或严词批评某些餐厅的菜肴。有一次，此专栏作家在专栏中对一家餐厅的菜色做出了"像猪食一样"的刻薄评论，以致激怒了餐厅老板。该老板事后特别邀请该美食专栏作家去试吃"精致美味的佳肴"，不料美食专家吃完后晕倒在地，送到医院时已经气绝身亡。餐厅老板被警方逮捕收押后，坦承自己故意在美食中下了毒，他说："批评我们的美食像猪食的人都该死！"

在我们身边，说话尖酸刻薄的人并不少见。这类人中甚至有的人其实是"豆腐心"，只是管不住自己的嘴，让刀子从嘴里一把一把地飞出来。为什么要字字句句直逼对方的要害呢？是为了突出自己的伶牙俐齿，还是为了显示自己的权威？

三思而后行——这是古代圣贤留给我们处世的宝贵经验。具体到说话，是让我们在开口之前先想一想，掂量掂量：话说出来能不能做得到？说出之后有什么效果？更重要的一点是，会不会伤人？如果伤人，能不能换一种方式说？

那些口才高手总是注意自我克制，努力避免心直口快、尖酸刻薄，绝不以伤人感情为代价而逞一时口舌之快。比如，有的人在工作中看到别人干活不好时，他不会在旁边指手画脚，说三道四，更不会把别人撵走，显示他的能干，而是很客气地说："我试试看怎么样？"这样说了，即使在接下来的工作中干不好也不会丢面子；如果干得好，即使别人嘴里不说，心里也会佩服他。尤其是他没伤别人的面子，又替别人干好了活儿，别人于是从心底里认为这个人"够意思"，做人稳重，扎实，又有真本事。

马克·吐温曾说："我可以靠别人对我说的一句好话，快活上两个月——这是极有意思的。"其实，你我又何尝不是如此呢？既然我们的一句好话，就可能温暖人心，赢得人心，那么我们何不一试呢？须知，这也是在帮助我们自己啊！

轻诺者，必寡信

不要轻易许诺。伤害一个人很容易，就是许下诺言却不去遵守。损坏自己的名誉也很容易，就是许下诺言却不去遵守。

除了极少数故意用诺言来欺骗对方的人外，绝大多数人在许诺时是好心的、真心的。他们当时不存欺骗之心，只是后来却因为各种原因，让自己失信了。其中最常见的原因是客观因素。

某高校一个系主任向本系的青年教师许诺说，要让他们中三分之二的人评上中级职称。但当他向学校申报时，出了问题，学校不能给他那么多名额。他据理力争，跑得腿酸，说得口干舌燥，还是解决不了问题。

最后，职称评定情况公布了，众人大失所望，把系主任骂得一钱不值。甚至有人当面指着他说："主任，我的中级职称呢？你答应的呀。"而校领导也批评他是"本位主义"。从此，系主任在系里信誉扫地。

这是一个典型的费力不讨好、有苦说不出的失信例子。由此看来，有许多诺言是否能兑现得了，不只是决定于主观的努力，还有一个客观条件的因素。但失信就是失信，不管是主观原因还是客观因素，在别人眼里都是失信。

因此，我们在工作与生活中，不要大包大揽、轻率许诺。许诺时不要斩钉截铁地拍胸脯，要尽量留一定的余地。当然，这种留有余地是为了不使对方从希望的高峰坠入失望的深谷，而不是给自己不做努力打埋伏。

除了客观因素外，还有一些失信是因为主观原因。有些人口头上对任何事都"没问题""一句话，包在我身上"，一副大包大揽的模样；可是，嘴上承诺，脑中遗忘，或脑中虽未遗忘，但不尽力，办到了就大吹大擂，办不到就假装忘记（或许是真的忘记）。这种把承诺视作儿戏，是对他人的不负责行为，最要不得，迟早得为人所抛弃。

自古轻诺者必寡信。老子在两千多年前就断言："夫轻诺者必寡信，多易者必多难。"轻易对别人许诺，说明你根本就没详细考虑事情可能遇到的种种困难。这样，困难一来，你就只会干瞪眼，从而给人留下"不守信用"的印象。许诺越多，问题越多。

我们答应帮别人办事，先要看自己能不能办到。对于那些有点权力的人更应该注意，因为你有权，托你办事的人肯定多，这时你应该讲点策略，不能轻易答应别人。有的人托你办的事可能不符合政策；这样的事最好不要许诺，而要当面跟朋友解释清楚，不要给朋友留下什么念头。不然，朋友会认为你不给办事。有的朋友找你办的事可能不违反政策，但确有难度，就跟朋友说明，这事难度很大，我只能试试，办成办不成很难说，你也不要抱太大希望。最好的承诺是实事求是地告诉对方：自己有多大把握。这样做是给自己留有余地，万一办不成，也会有个交代。

当然，对于那些举手之劳的事情，还是应该满口答应的。只是在答应之后，无论如何也要去办好，不可今天答应了，明天就忘了，待朋友找你时，你会很难堪的。

我们在这里强调不要轻率地对朋友做出许诺，并不是一概不许诺，而是要三思而后行。尽量不说"这事没问题，包在我身上了"之类的话，给自己留一点余地。顺口的承诺，只是一条会勒紧自己脖子的绳索。

为人处世，应当讲究言而有信，行而有果，因此，不可随意承诺。聪明的人会事先充分地衡量客观条件，尽可能不做那些没有把握的承诺。须知，承诺了就必须努力做到，千万不可因一时事急，乱开"空头支票"，愚弄对方。因为你一旦食言，对方一定会十分恼火。

万一因情况有变而无法实现自己原来的承诺，也应向对方说明原委，并诚恳地道歉，以求得对方的原谅和理解。

话莫说绝，要留余地

人因为过分自信，或在情绪处于非常状态中，最容易把话说得太满、太死、太绝对。

《左传》中记述了这样一个故事：郑庄公二十二年（公元前722 年），郑庄公的母亲武姜支持郑庄公的弟弟叔段发动叛乱。郑庄公对于母亲的行为非常愤怒，立下毒誓与母亲武姜"不及黄泉无相见"。平定叛乱后不久，冷静下来的郑庄公为自己的毒誓后悔了——毕竟是自己的亲生母亲，血浓于水。他想见自己的母亲，但又苦于自己发过誓，不能违背。好在他的部下颖考叔帮他出了一个主意："掘地及泉，遂而相见。"方才解了郑庄公思念母亲的痛苦。

因为一句话，不得不付出大量的人力物力"掘地及泉"来弥补。把话说得太满太死的代价真是太大了。好在郑庄公高居庙堂，要人有人、要物有物，否则他还真的除了食言想不出别的招去见自己的母亲了。

前事之师，后世之鉴。可惜时至今日，把话说得绝对的现象，在我们的生活中仍屡见不绝。诸如"这样若成功，我就不姓 X"或"除非……否则我绝不……"之类的句式，在你我的口中，多少会有一些出现。朋友小李在公司里因为工作问题和同事产生争执，小李要用 A 方案，他的同事要用 B 方案。争来争去谁也说服不了谁，于是决定各自按照自己的方案做。本来说好分头行事，小李却忍不住甩下一句："你的方案绝对不行，要是成功了我不再姓李，我跟你姓！"后来的事实让小李非常难堪：他自己的方案失败了，而同事的方案成功了。小李当然不可能真的改自己的姓，同事也没有再提小李改姓的话。但小李明显感觉到了周围其他同事对自己的冷淡。三个月后，同事升为本部门主管，小李只得选择辞职。

生活中有很多事情我们无法预料它的发展态势，有的也不了解事情的发生背景，切不可轻易地下断言，不留余地，使自己一点回旋都没有。

不少人会反感一些政府官员在面对记者采访时老是用一些模糊的语言，如：可能、尽量、研究、或许、评估、征询各方面意见……其实，他们之所以运用这些字眼，就是想为自己留有余地。否则一下把话说死了，结果是事与愿违，那该多难堪啊！

那么，怎么样才能为自己留有余地呢？

　　首先，答应别人的请托时要三思，这个话题我们前面说过了，在此不再赘言。其次，与人交谈不要口出恶言，更不要说出"势不两立"之类的话；除非有杀父夺妻之仇。不管谁对谁错，最好是闭口不言，以便他日如携手合作时还有"面子"。最后，不要把人看死了。像"这个人完蛋了""这个人一辈子没出息"之类属于"盖棺定论"的话最好不要说。人的一辈子很长，变化也很多。

　　话莫说绝，要留余地。言不至于极端，行就不会被逼绝境。《菜根谭》中有云：天道忌盈业不求满。意为事事要留个余地，如是则"造物不能忌我，鬼神不能损我。若业必求满，功必求盈，不生内变，必招外忧。"

交浅言深，祸从口出

　　在现实生活中，有正人君子，也有奸佞小人，这是无可奈何的事实。一个人如果不注意说话的内容、方式和对象，很容易招惹是非，授人以柄，甚至祸从口出。因此，说话小心些，为人谨慎些，避开生活的误区，使自己置身于进可攻、退可守的有利位置，牢牢地把握人生的主动权，无疑是有益的。

　　我们知道，心是人最为重要的一个器官，一旦遭到伤害，后果不堪设想。所以在古代打仗时，将领们厚厚的盔甲上都会有一块铜制的护心镜，以最大限度地保护心脏免遭袭击。而相对有形的伤害，对于心的无形伤害更加令人难以防备，难以承受。有一些人心里藏不住事，对人喜欢"掏心掏肺"。这种内心不设防的人，最容易"祸从口出"。其具体表现在以下几个方面。

1. 被奸人所用

害人之心不可有，防人之心不可无。每个人都有自己不愿公开的隐私、秘密，你真诚的倾诉，有可能在某一天被人拿来当成攻击或要挟你的利器。把自己的秘密全盘地告诉给他人，其实就是亲手为自己埋下一颗隐形的操之在他人手里的"炸弹"。你掏心掏肺对别人，小心别人有一天真的掏了你的心肺。

2. 使好人遭罪

你将一个秘密告诉了张三，张三或许会感谢你的信任。在感激你的信任之后，他要背上为你守口如瓶的责任，生怕自己一时不慎将你的秘密说了出去。这种代人保守秘密的责任，实在是一种沉重的负担。更要命的是，如果你的秘密哪一天泄露了（也许你还告诉了李四，也许只是别人的猜测巧合了秘密），张三将为此背上一个"莫须有"的泄密罪。即使你表明自己是如何相信不是张三泄密，张三的心里都会有阴影。因此，很多明智的人并不喜欢别人对自己掏心掏肺，因为他们知道保守秘密的责任太重。

3. 产生不必要的恶果

也许有人小时候偷过钱、早恋失过身，这些事情过去了就过去了，吸取教训就行了。如果一定要拿来和丈夫（妻子）或好友说，最容易产生一些不可预料的后果。也许对方会想：原来你竟然是一个这样的人，看来……于是，爱情远去，友情淡漠。

4. 难以取得他人的信任

也许你会想：看，我多么信任你，什么都和你说了，你也应该信任我才对。然而对方只要聪明一点，就不一定会信任你，相反可能更加提防你。因为只要稍微动一下脑子，就知道口风不严的你，随时都有可能将你们之间说的话向另外的人"诉说"。一个连自己秘密都保守不了的人，别人凭什么相信你能替他保守秘密？

5. 失去了个人魅力

距离产生美。一个让人一览无余的人，就像一本内容浅白没有内涵的书，激不起别人阅读的兴趣。

6. 引起他人的怀疑

你对别人掏心掏肺，别人的心里可能会打小九九。为什么要对我说这些？是不是也想套出我的一些秘密？是不是有求于我？特别是那些"交浅言深"的话，更加令人狐疑与不快。

看看，只是随便罗列，就列出了这么多害处。老祖宗的话在今天还有其现实意义："逢人只说三分话，未可全抛一片心。"值得指出的是，这绝非鼓励你虚伪。你有权决定说什么，但你只要保证你所说的每一句都不存在欺骗，你就是一个真诚的人。交心交心，说的是要真心交谈，不是叫你把心交给别人。

五个方法化解言语失当

与错的字可以涂改，说错的话却如飞出去的箭无法回头，因此，我们在说话时要谨防失当。但世上没有打仗的常胜将军，说话亦如此，即使是在竞选中脱颖而出的美国前总统福特，也说过"中国主要住着中国人"之类的浑话、胡话、蠢话、废话，其他人就更不用说了。下面我们将谈谈在言语失当时，该如何巧妙化解的几种招数。

1. 及时改口

历史上和现实中，许多能说会道的名人在失言时仍死守自己的城堡，因而惨败的情形不乏其例。比如 1976 年 10 月 6 日，在美国福特总统和卡特共同参加的、为总统选举而举办的第二次辩论会上，福特对《纽约日报》记者马科斯·佛郎肯关于波兰问题的质问，作了"波兰并未受苏联控制"的回答，并说"苏联强权控制东欧的事实并不存在"。这一发言在辩论会上属明显的失误，当时立即遭到记者反驳。但反驳之初，佛朗肯的语气还比较委婉，意图给福特以更正的机会。他说："问这一件事我觉得不好意思，但是您的意思是肯定苏联没有把东欧化为其附庸国？也就是说，苏联没有凭军事力量压制东欧各国？"

福特如果当时明智，就应该承认自己失言并偃旗息鼓，然而他觉得身为一国总统，面对着全国的电视观众认输，绝非善策，于是继续坚持，一错再错，最后为那次即将到手的当选付出了沉重的代价。刊登这次电视辩论会的所有专栏、社论都纷纷对福特的失策做了报道，他们惊问：

"他是真正的傻瓜呢？还是像只驴子一样的顽固不化？"

卡特也乘机把这个问题再三提出，闹得天翻地覆。

高明的纵横家在被对方击中要害时决不强词夺理，他们或点头微笑，或轻轻鼓掌。如此一来，观众或听众弄不清他葫芦里藏的什么药。有的从某方面理解，认为这是他们服从真理的良好风范；有的从另一方面理解，又以为这是他们不屑辩解的豁达胸怀，而究竟他们认输与否尚是个未知的谜。这样的纵横家即使要说也能说得很巧，他们会向对方笑道："你讲得好极了！"

美国前总统里根访问巴西时，由于旅途疲乏，年岁又大，在欢迎宴会上，他脱口说道：

"女士们，先生们！今天，我为能访问玻利维亚而感到非常高兴。"

有人低声提醒他说溜了嘴，里根忙改口道：

"很抱歉，我们不久前访问过玻利维亚。"

尽管他并未去玻利维亚。当那些不明就里的人还来不及反应时，他的口误已经淹没在后来的滔滔大论之中了。这种将说错的地点时间加以掩饰的方法，在一定程度上避免了当面丢丑，不失为补救的有效手段。只是，这里需要的是发现及时、改口巧妙的语言技巧，否则要想化解难堪也是困难的。

2. 巧妙转换话题

错话一经出口，可在简单的致歉之后立即转移话题，有意借着错处加以发挥，以幽默风趣、机智灵活的话语改变现场上的气氛，使听者随之进入新的情境中去。

曾有一个新毕业的大学生去某合资公司求职，一位负责接待的先生递过来名片。大学生神情紧张，匆匆一瞥，脱口说道："滕野先生，您身为日本人，抛家别舍，来华创业，令人佩服。"那人微微一笑："我姓滕，名野七，地道的中国人。"大学生面红耳赤，无地自容，片刻后，神志清醒，诚恳地说道："对不起，您的名字使我想起了鲁迅先生的日本老师——藤野先生。他教给鲁迅许多为人治学的道理，让鲁迅受益终生。希望滕先生日后也能时常指教我。"滕先生面带惊奇，点头微笑，最终录用了他。

3. 将错就错

这种方法就是在错话出口之后，能巧妙地将错话续接下去，最后达到纠错的目的。其高妙之处在于，能够不动声色地改变说话的情境，使听者不由自主地转移原先的思路，不自觉地顺着我的思维而思维，随着我的话语而调动情感。

纪晓岚称皇上为"老头子"，不巧被皇上听到，龙颜大怒。纪晓岚急中生智，说："皇上万岁，谓之'老'；贵为至尊，谓之'头'；上天之子，谓之'子'。"皇上听了，转怒为喜。

纪晓岚的将错就错令人叫绝。错话出口，索性顺着错处接下去，反倒巧妙地改换了语境，使原本轻慢的失语化作了尊敬的称呼，颇有些点石成金之妙。

4. 借题发挥

素有"东北虎"之称的张作霖虽然出身草莽，却粗中有细，常常急中生智，突施奇招，使本来糟透了的事态转败为胜。

有一次，张作霖出席名流集会。席上不乏文人墨客和附庸风雅之人，而张作霖则正襟危坐，很少说话。席间，有几位日本浪人突然声称："久闻张大帅文武双全，请即席赏幅字画。"张作霖明知这是故意刁难，但在大庭广众之下，"盛情"难却，就满口应允，吩咐笔墨侍候。这时，席上的目光全都集中在张作霖身上，几个日本浪人更是掩饰不住讥讽的笑容。只见张作霖潇洒地踱到桌案前，在满幅宣纸上，大笔挥写了一个"虎"字，左右端详了一下，倒也匀称，然后得意地落款"张作霖手黑"，踌躇满志地掷笔而起。

那几个日本浪人面对题字，一时丈二和尚摸不着头脑，不由得面面相觑。其他在场的人也是莫名其妙，不知何意。

还是机敏的随会秘书一眼发现了纰漏，"手墨"（亲手书写的文字）怎么成了"手黑"？他连忙贴近张作霖身边低语："大帅，您写的'墨'字下少了个'土'，'手墨'写成了'手黑'。"张作霖一瞧，不由得一愣，怎么把"墨"写成了"黑"啦？如果当众更正，岂不大煞风景？还要留下笑柄。这时全场一片寂静。

只见张作霖眉梢一动，计上心来，他故意大声呵斥秘书道："我还不晓得'墨'字下面有个'土'？因为这是日本人索取的东西，不能带土，这叫寸土不让！"语音刚落，立即赢得满堂喝彩。

那几个日本浪人这才领悟出意思来，越想越觉得没趣，又不便发作，只得悻悻退场。

5. 自己批驳

这个方法很简单，也很有实效。比如："我认为公司的发展在近期不理想……"说着说着，发现自己把意思说反了。这时，可以停下来，问："大家认为这个看法对吗？"不等别人回答，自己马上抢先给出答案："很显然，这个看法是错误的。"然后再针对自己之前的口误进行批驳，别人还以为你开始的说辞是故意在给自己"树靶子"，哪会想到你是口误？

有位领导在记者面前说了这样的话："到海南去旅游要小心，各种陷阱太多，旅游业不规范。"说完后感觉不妥，忙改口："这

是网上部分网民的观点，我认为是片面的。首先……"一句差点
酿成祸的话，就这样巧妙化解了。

第十一章
闭嘴少说：袖手无言味最长

相传，有个年轻人欲拜古希腊有名的哲学家兼演讲家苏格拉底为师，学习演讲术。年轻人为了表示自己是一个可造之才，滔滔不绝地讲了许多话。苏格拉底静静地听完，问他要双倍的学费。年轻人有点莫名其妙，问道："为什么我要付双倍呢？"苏格拉底说："因为我得教你两样功课，一是怎样闭嘴，另外才是怎样演讲。"

苏格拉底言简意赅，传递给我们的意思是：话贵精而不在多。因此，在学习口才的时候，我们还得学习一门少说话甚至不说话的必修课程。古人所谓"风流不在谈锋胜，袖手无言味最长"，说的也是这个意思。

一言可胜千万语

2000 年前，恺撒大帝在一举击溃帕尔纳凯斯的军队时，给朋友的捷报只用了三个拉丁词："Veni，Vidi，Vici！"翻译成中文就是："我来了，我看见了，我征服了！"用词简洁得不能再简洁，却传递了胜利的信息，以及他志得意满的心情与豪气干云的状态。

提高口才的终极目标，是为了高效推销自己的思想。如果能很快很准确地把话说在关键处，把力用在点子上，你就是一个赢家。

如果要评历史上的福布斯百富榜，和珅大概是一个争夺首富的热门人选（皇帝不参与角逐）。在嘉庆四年查抄这个首富时，估算其总资产当有 8 亿两白银以上。乾隆末年国家财政每年的实际收入大概是 7000 多万两白银，和珅的财产相当于清朝盛世 10 多年的财政收入。这个数目真是大得匪夷所思。

和珅的发迹，和一句话有莫大的关系。他屡次应举不中，就通过关系成了协同管理皇帝銮舆、仪仗的侍卫。依照现在的话说，也就一个元首的司机班成员。有一次，乾隆皇帝出宫。起行之际，仓促间找不到御用的黄龙伞盖。乾隆很生气，借用《论语》上的一句话发问："是谁之过欤？"在场者面面相觑，不知如何回答。此时和珅却立刻站出来答道："典守者不得辞其责。"

乾隆帝很吃惊，因为《四书》上对上句话的注解是："岂非典守者之过邪？"这里，和珅变通得自然贴切。乾隆皇帝是一个很爱才的人，当场就把和珅叫过去询问。而和珅回答得很得体，很让乾隆皇帝满意。

就这样，和珅通过这一句话获得了乾隆皇帝的青睐，让他总管仪仗队。不久，又升为御前侍卫兼副都统，管理宫中的琐碎事务。就这样，和珅成了乾隆最贴身的人。再后来，他通过努力，变贴身为贴心。

可以说，和珅适时的一句话，拉开了他平步青云的序幕。当然，和珅的贪腐应该抨击，但其过人的口才却值得我们学习。口才无罪，有罪的是他的贪婪。

有人用三个字传递捷报，有人凭一句话平步青云。还有人用一句话来做演讲。在我们的印象中，演讲应该是长篇大论、旁征博引、纵横捭阖，才能将事情说清，把观点讲透。但用合适的一句话来做演讲，也能起到有过之而无不及的效果。

1936 年 10 月，邹韬奋先生在上海各界公祭鲁迅先生的大会上发表演讲，就只有一句话："今天天色不早，我愿用一句话来纪念先生：许多人是不战而屈，鲁迅先生是战而不屈。"

按照常理，万人景仰的鲁迅先生逝世，悲痛与缅怀的感情就是千句万句也说不完。但邹韬奋先生只用了一句话，而在这一句话里蕴含着胜过千万句的内容——既有对当时政治战线、思想战线、文化战线上"不战而屈"的投降派的谴责，又有对鲁迅先生"横眉冷对千夫指"，勇敢战斗，决不屈服的可贵品格的赞颂。"不战而屈"和"战而不屈"，同样四个字的不同组合，成为衡量一个人有没有硬骨头精神的试金石。这极其精练的一句话演讲，巧妙地采用了鲜明的对比，使卑微者更渺小，使高尚者更伟大，尽管只是一句话，却激发了人们奋起抗争的勇气，鼓舞人们以鲁迅先生为榜样，挺身而出，战斗不止。

在民国时期，因为政府对新闻的严格管制，经常会抽掉即将下印刷厂的报纸内容。为了反对这种对自由言论的严重践踏，报纸一度用"开天窗"（即将抽去的文字留白）来表示无声的反对。但后来国民政府连"开天窗"的自由也给剥夺了。有家报纸在一次被抽走一篇文章后，在空白的版面刊了六个大字："今天无话可说！"这六个字既免了"开天窗"之嫌疑，又有力地传达了报人对于言论自由的向往以及对当局的绝望与愤懑。

北宋真宗年间，北宋与西夏边界战事连绵。地处边界的渭州，处于这场战事的多发地。当时渭州知州是曹玮。此人处事稳健，足智多谋。

有一天，曹玮大宴宾客，一名士兵慌慌张张跑进来，大声报告："大事不好，几十名士兵叛逃到西夏去了。"

听到这个消息，众将官和宾客面面相觑，曹玮也暗吃一惊。但曹玮身为主帅，举止失措有可能动摇军心。他故意压低声音说："不要惊慌，那是我特意派过去的。"

宴席散后，人多嘴杂，曹玮的话很快就以情报的方式传到西夏人耳里。西夏人如获至宝，以为逃跑过来的宋营士兵都是奸细，立即一个不留的全给杀了，并把这些人的头抛到宋营的边境。

曹玮这一句话，如同一支利箭，既安抚了军心，又杀掉了叛逆，还除去了对方的有生力量。这一箭，真可谓一箭三雕。

嘴长在你的身上，喋喋不休废话一筐最不可取，滔滔不绝言之有物令人钦佩。而有的人，在适当的场合，把自己的意思恰当地浓缩成一句话，犹如一颗原子弹，能起到摧枯拉朽的作用。

有理不在话多

有理不在话多。对于那些口才高超的人，除非万不得已，否则尽量不会与别人周旋绕圈，而是抓住关键，简明干脆、一语中的。

法拉第为了证实"磁能产生电"，在大厅里对着许多宾客表演，只见他转动摇柄，铜盘在磁极间不断地旋转，电流表指针渐渐偏离零位。客人们赞不绝口，只有一位贵妇人不以为然。

贵妇人问："先生，这玩意儿有什么用？"

法拉第回应："夫人，新生的婴儿又有什么用呢？"

人群中爆发出一阵喝彩声。

针对贵妇人取笑式的问话，法拉第来了一个反问。

众所周知，新生婴儿是有着强大的生命力的，这个比喻是如此的贴切，难怪宾客们要喝彩了。后来，他的预言也确实完全被科学所证实。

英国人波普说："话犹如树叶，在树叶太茂盛的地方，很难见到智慧的果实。"

清代画家郑板桥有诗云："沉繁削尽留清瘦，画到生时是熟时。"当今语言大师们认为：言不在多，达意则行。可见，用最少的字句包含尽量多的内容，是讲话水平的最基本要求。滔滔不绝、出口成章是一种"水平"，而善于概括、辞约旨丰、一语中的同样是一种"水平"，而且更为难得。很显然，口才追求的是后一种"水平"。

有人问马克·吐温，演讲词是长篇大论好，还是短小精悍好，他没有直接回答，而是讲了一个故事。

"有个礼拜天，我到教堂去，适逢一位传教士在那里用令人哀怜的语言讲述非洲传教士苦难的生活。当他说了 5 分钟后，我马上决定对这件有意义的事情捐助 50 元；当他接着讲了 10 分钟后，我就决定把捐助的数目减至 25 元；当他继续滔滔不绝地讲了半个小时后，我又决定减至 5 元；最后，当他讲了 1 个小时，拿起钵子向听众哀求捐助并从我面前走过的时候，我却反而从钵子里偷走了 2 元钱。"

这个幽默故事告诉我们，讲话还是短一点、实在一点好，长篇大论、泛泛而谈容易引起听众的反感，效果反而不好。

林肯在葛底斯堡的演讲被誉为美国历史上最优美的一篇演说辞！全篇只有 10 句话，271 个字，仅用了 2 分钟，却成为林肯一生不朽的纪念！

我们知道，上林苑是古代皇帝打猎消遣的园林。上林苑占地很大，可谓皇家气派十足。汉朝丞相萧何，有一次向汉高祖刘邦建议将上林苑中的大片空地让给老百姓耕种。

刘邦一听，不干了，皇家的娱乐场所怎么能对外开放？刘邦认为，萧何胆大包天居然要来动皇家脚下的土，一定是接受了老百姓的大量钱财，才这样为他们说话办事的。于是萧何被捕入狱，同时接受审查准备治罪。

在皇权至上的时代，皇上开了金口要处置谁，下面的人自然心领神会，不惜用大刑侍候也要办出一个"经得起历史考验的铁案"。就在这紧要关头，刘邦旁边的一位侍卫官上前向刘邦进言："陛下是否还记得当年楚汉战争以及后来铲除叛军的时候吗？那几年，皇上在外亲自带兵讨伐，只有丞相一个人驻守关中，关中的百姓非常拥戴丞相。假如丞相稍有利己之心，那么关中之地就不是陛下的了。您认为，丞相会在一个可谋大利而不谋的情况下，去贪百姓和商人的一点小利吗？"

这话简短，却从楚汉战争时期谈到当今。简短的几句话，句句击中要害。刘邦尽管心里有火，但也不得不承认侍卫官说得在理。于是当天便下令赦免萧何。

周勃和萧何一样，也做过宰相。吕后乱政时，周勃曾经帮助汉室铲除吕后的势力，迎立汉文帝，可谓功勋卓著。可后来他罢相回到自己的封地后，一些素来忌恨周勃的奸佞小人便趁机向汉文帝诬告周勃图谋造反。汉文帝竟然也相信起来，急忙下令廷尉将周勃逮捕下狱，追查治罪。按汉代当时的法律，凡是图谋造反者，不但本人要处死，而且要灭家诛族。就在周勃大祸临头的时候，薄太后出来劝文帝说："皇上，周勃要谋反，何必等现在，在你未登基时，先皇留给你的玉玺都在他手上，那时他还手握精兵，要反早就反了。但是他一心忠于汉室，帮助汉室消灭了企图篡权的吕氏势力，把玉玺交给陛下。现在罢相回到自己的小封地里居住，怎么会反而在这个时候想起谋反呢？"

汉文帝一听这话，对呀，有道理呀。于是所有的疑虑都没了，并立即下令赦免了周勃。

我们看上面两人对皇帝的分别谏言，完全是简明干脆地一语中的。若东拉西扯地找来论据来为两个苦主辩白，可以找来很多。但多不如精，太多的论据说来说去都没有让人信服的一条，别人听了会厌烦。就算其中有那么一条两条有说服力的，也容易淹没在论据的海洋之中，还不如单拎出来加以说明，反而更加令人信服。要拥有从繁杂事物中选取最有说服力的论据的能力，这当然需要说话者拥有锐利的眼光、丰富的知识，以及严密的逻辑思维。这些，都需要通过后天的学习与锻炼才能逐渐积累起来。否则，腹内空空，即使想简洁也不知道如何简洁，即使想说到位也表达不到位。

懂得闭嘴是学问

夜路走多了。自然容易碰上鬼；说话说多了，自然容易咬到自己的舌头。曾国藩曾说过："人生坏事的两个因素，一是自傲，二是多言。多言生厌，多言招祸，多言致败，多言无益。"

《笑林广记》中有一笑话，可能大家都听说过。说有人在家设宴款待帮助过他的人，一共请了四位客人。将近晌午，还有一人未到。于是自言自语道："该来的怎么还不来?"一听到这话，一位客人心想："主人这么说，那么我是不该来了?"于是起身告辞。主人很后悔自己说错了话，便道："不该走的又走了。"另一位客人心想："难道是说我是该走的了?"也起身告辞。主人因自己说话不周把客人气走了，十分懊悔。妻子也埋怨他不会说话，于是他辩解道："我说的不是他们啊。"最后一位客人一听这话，心想

"不是他们！那只能是我了"，于是叹了口气，也走了。

这则笑话当然有些夸张。将生活中常见的事情进行夸张，是形成笑话的一个重要手法。但笑话归根结底也是如艺术一般，尽管高于生活，但来源于生活。在我们身边，有一些人讲起话来喋喋不休，看上去似乎是伶牙俐齿，但经过仔细琢磨你就会发现原来此人言之无物；有的人出言看似高深，但言语晦涩，听得你一头雾水；有的人口若悬河，滔滔不绝，但实际上是虚张声势的空话；有的人辞藻华丽、巧言谄媚，实际是哗众取宠。而生活中有些人惜言如金，但言之既出则一针见血；有的人语言简练，但却深入浅出，言之有理。

《鬼谷子·本经符》中有云："言多必有数短之处。"这就是成语"言多必失"的出处。为什么言多必失，我们可以从两个角度来分析这个问题。首先，任何一个人都客观存在一定的语言失误率，从概率的角度来说，"言"的基数越大，失误的绝对数目就会越大；其次，言语过多，难免把时间与精力侧重在了说上，给思考留的时间与精力过少，必然会增加了语言的失误率。

我们从小被教育做人要"知无不言，言无不尽"，意思是知道的就要说，要说就毫无保留地说。但长大后却发现，这句箴言是有问题的。首先，什么是"知"，是"真知"还是你所"知"？其次，如果什么都"知无不言，言无不尽"的话，人岂不成了一台不知停歇的肉喇叭？再者，无所顾忌的"言"，难免变成伤人的刀。

邻居老张和妻子干架，令老张脸上挂彩。有好事者问你老张伤从何来。你"知无不言"地说明来由，有必要吗？然后还"言无不尽"地传播他们之所以干架的原委，不是多事吗？一句"不太清楚啊"回答，不是很好吗？要是好事者继续诱导你："听说是老张妻子发飙……"你装糊涂，一句"是吗？我不清楚"给打发了，不是很好吗？

聪明的人，在非原则问题上懒得作计较，在细小问题上懒得去纠缠，对不便回答的问题佯装不懂，对有损自身的问题假作不知，以理智的闭嘴化险为夷，以聪明地闭嘴平息可能发生的种种矛盾。一个人唯有静下心来，才能集中精力，才能心地空澄，才能明察秋毫之末，才能多听、多看、多想，才能不鸣则已，一鸣惊人。而且，因为你恰如其分的闭嘴，无疑给别人留下了足够广阔的表演空间，而你则是一个好听众、好观众，这样无疑是会赢得别人的好感与尊重的。

沉默是一种力量

有时候，不说话比说话更有说服的力量。例如，当爱人处于极度悲痛之中时，搂她入怀，让她靠在自己的肩上痛哭，也许比任何口头的安慰更有力量。当孩子闯了祸，一个关切与忧心的注视，或许更能让他下不为例。记得在一部反映美国独立战争的电影中，一场残酷的攻坚战将要在荒原上展开，所有的将士都知道这一仗将是无比凶险，将会有无数战友有去无回。将军最后一次检阅了他的部队。他从整齐的方阵前缓缓走过，眼里噙着泪水，注视着眼前如他儿子般年轻的脸庞，似乎要将每一张脸都锲刻在脑海里。这名将军自始至终没有说一句话，但他的举动震撼了每一个士兵的心灵。士兵们发出震耳欲聋的喊声："自由万岁！"然后在将军地挥手之下，如猛虎般朝敌人阵地发起了冲击。在那场决定整个战争胜负的惨烈战役中，他们发起一次又一次的冲击，终于用鲜血凝成了胜利。

这就是沉默的力量！无声却胜有声的力量！它如大地、高山、黑夜、石头、平静的湖水……在我们这个喧嚣繁闹的时代，很多人已经远离了沉默。他们认为，沉默会使别人把自己看得懦弱、害羞、卑微、愚蠢、平凡。于是人们即使心里恐慌无比，一无所知、手足无措也要大声嚷嚷，也要愤怒一下。其实，真正自信的人是沉默的。他的力量在沉默中你就会明显地感觉到。

有这样一段关于沉默的描述，墨子与公孙班探讨"非攻"之学问。

公孙班："我知道怎么对付你，但是我不说。"

墨子："我也知道怎么来对付你，我也不说。"

两个都不说的人，用沉默来完成了心灵的碰撞，是一种智慧的较量。它无疑体现了高瞻远瞩和大彻大悟的成竹在胸。

台湾有一个经营印刷厂的老板，在商场打拼多年后萌发了退休的念头。他原来从美国购进了一批印刷机器，经过几年使用后，扣除磨损费应该还有250万美元的价值。他在心中打定主意，在出售这批机器的时候，一定不能以低于这250万美元的价格出让。有一个买主在谈判的时候，针对这台机器各种问题滔滔不绝地讲了很多缺点和不足，这让印刷厂老板十分恼火。但是他在自己刚要发作的时候，突然想起自己250万美元的底价于是又冷静了下来，一言不发，看着那个人继续滔滔不绝。结果到了最后，那人将机器贬损得一无是处后，这样说："嘿，老兄，我看你这些机器我最多能够给 350 万美元。"于是，这个老板很幸运地比计划多赚了整整 100 万美元。

说话的艺术，同时也包含不说话的艺术。荀子说：说话而恰当是智慧，沉默而恰当也是智慧。西方也有一句名言：聪明的人借助经验说话，而更聪明的人根据经验不说话。

在我国的佛教中，"沉默"具有其特殊的意义。当年文殊法师问维摩诘有关佛道之说时，维摩诘一言不发。维摩诘的沉默，在后来的禅师们看来"如雷声一样使人震耳欲聋"。这种"如雷的沉默"，犹如台风中心，看似无声无力，却是力量的源泉。如果我们抛开略显晦涩的禅宗教义，从老子的"大辩若讷"以及庄子的"不言而言"中，都可以感知古代先贤对于沉默的推崇。

值得指出的是，对"沉默是金"这句话当然也不应机械地去理解。什么都不表态，什么都保持沉默，并非一种积极向上的人生态度。成天板着脸，冷冰冰地让人难以靠近、难以琢磨，装酷或许可以，但酷得远离了生活。沉默要恰到好处。火候不足，内不足以修身养性，外不足以亲切感人；火候过大，显然已是身如槁木，心若死灰，又何来生趣呢？

总之，我们不能因为沉默而沉默，沉默不是最终的目的。沉默的最终目的是把话说好。只有这样，沉默方才是金。

山不在高，有仙则灵；话不在多，到位就行。话说得到位，一句可以顶别人十句、百句。

第十二章
听别人说：倾听他人的心声

　　相对来说，人人都对自己的事更感兴趣，对自己的问题更关注，更喜欢自我表现。一旦有人专心倾听我们谈论时，就会感到自己被重视。口才高手也是如此，不过他们因为了解了这一规律，比平常人更懂得去倾听别人的声音。

　　倾听是一种礼貌，一种出于对讲话者尊重的礼貌。你在尊重他人的同时，也会得到他人的尊重，元代郑廷玉在戏剧《楚昭公》中有台词云："请大王试说一遍，容小官洗耳恭听。"听别人说话，要洗干净耳朵以示恭敬。

倾听是一种涵养

卡耐基说："成功的交谈，并没有什么神秘。专心地注意与你说话的人，是非常重要的，再也没有比这么做更具有恭维的效果了。"

倾听是在任何时候我们都要做的一件事情。我们听音乐，我们听新闻，我们听我们的父母、孩子、同事、上司、顾客、朋友的说话……我们一生都在倾听。

卡耐基还认为：在沟通的各项功能中，最重要的莫过于倾听的能力；滔滔不绝的雄辩能力、强而有力的声音、精通多国语言，甚至写作的才能都比不上倾听重要。

有效的沟通始于真正的倾听。而成功的沟通高手都是那些真正领略倾听价值的人。

然而，真正擅长倾听的人却少之又少。可以说，在语言沟通中所运用的四种方法（听、说、读、写）当中，"听"是最少人能够做好的。

我们只要稍微思考和比较一下在这四个方面所学习到的技巧，就可以发现自己在倾听方面的程度总是最差的。其原因主要是：在学校教育中，除了有写作指导的课程，也有阅读和说话技巧的训练，但和写作比起来，阅读和说话的训练就明显缺乏，至于在倾听方面的技巧训练上，几乎是空白（外语学习除外）。美国一位学者认为：缺乏倾听的技巧以及沟通的失败，是导致个人事业上的时间浪费、计划受挫和行动失败的重要因素。

现代人大都有表现欲，希望自己受人欢迎，也希望别人能了解自己。因此，不少人都想方设法来训练自己的口才，让自己能言善道，成为雄辩的顶尖高手。这都是"会说话才能使沟通顺畅圆满"的心理所造成的。

以开会来说，无论是公司会议或公众会议，纵然主持人擅长说话技巧，但如果从头到尾都是他一人发表意见，那么这会议充其量只是报告会。只有出席者也发言，提出具有建设性的问题或意见，才能达到会议的沟通目的。"说"与"听"是沟通不可或缺的条件，而这两者相互平衡，才会产生理想的沟通。

像这种情形也适用于一对一的交谈。由此可见，与其强求成为很会说话的人，不如先成为能倾听的人，如此有助于沟通。

环顾四周的人可以发现，精通说话艺术的人，也都了解听人说话的重要，由于他们不断吸收别人的话题，于是更丰富了自己的话题。相反，那些言语乏味的人，大都是从不听人说话的人，不但如此，反而会炫耀自己或批评别人。

会倾听被人信任

大部分听人说话技巧高明的人，都能不着痕迹地配合对方的喜怒哀乐。对方说到伤心处就随着哀痛，对方高兴也随着欣喜，整个人的感情都专注于对方身上，几乎抹杀了自己的个性。

有位心理医生曾说："我有感性和理性两种个性，而前者足以凌驾后者。"他由于工作上的关系，更需配合患者的情绪变化而变化，如果只是静静倾听，可能无法获得患者的信任，这会影响治疗工作。

环顾四周的人，其中一定有人值得你信赖，而你愿意向他吐露心事。这些人不仅会分享你的快乐、忧愁，而且会为你出主意或纠正你的错误。正因这些人能设身处地为你着想，你才会坦然将自己的心里话说出来。

的确，在获取对方肯定前，自己必须先肯定对方，多表明站在对方立场的态度，定能听取对方更多的心事。心意是否能传达给对方，同时被对方所接受，完全掌握在你手上。

这是杨先生首次生产擦地拖鞋时所发生的故事。当时对推销产品完全外行的杨先生，不了解自己所生产的擦地拖鞋能卖什么价钱，于是就请教某批发商如何直接定价。

他老实说自己不懂得价钱，所以无法决定，而批发商十分热心，帮助他算出零售价，并购买他的擦地拖鞋。如果这批发商心怀不轨，一定会狠狠敲一笔，然而他并未如此做，反而表示："你的产品不错，可卖这种价钱。"

杨先生对于批发商的态度十分感激，感到社会仍是温暖的。不过社会上也有黑暗的一面，有很多人因上过当，从而养成处处防范他人的心理，这真令人痛心疾首。

不信任人的人，对自己或周围的人均无益处，这是杨先生的看法。他还说过，我相信人间到处有温情，只要以诚待人，一定能获得相同的回馈。直至今天他仍然感谢那位批发商。由此可见，是"信任别人"这信条奠定了杨先生事业的基础。

而这信条也适用于听人说话方面。当对方热衷谈论经验时，你却以怀疑的口吻反问："是吗?"或凭自己的意思判断对方，甚至漫不经心。这种态度当然会影响对方，逐渐地降低谈话兴趣，并很快结束谈话。

任何人都不会对不信任的人表白真心，顶多是说些无关痛痒的话，这种损失实在难以弥补。所以，我们必须相信对方，没有一丝做假，那么，对方自然会敞开心扉，表露出真正的一面。

怎样听人炫耀

喜欢炫耀嗜好或专长是一般人的心理。然而，炫耀之心被人看穿后却会腼腆，并且想尽办法保护自己的良好形象。因此，即使想大声炫耀时，也会谦虚一番才开始谈论。如果能利用这种心理，让对方开心地谈，对自己也有好处。例如，在洽谈生意时，不妨让对方畅谈自己的嗜好，而你则拼命点头称是，表现出敬佩的样子，在对方获得心满意足后，自然可让宾主皆欢。

在生活与工作中受人欢迎的人，多是能了解听人炫耀的技巧的。老王是某公司的职员，他就是因此而人缘极佳。例如，星期一上班时，他看到上司晒黑了，便自然地比画出握网球拍的动作，俩人的话匣子就此打开。刚开始时，上司可能会不好意思而客气地说"其实我昨天收获不错"，但很快就进入状态，不时会露出得意的表情。如果上司是个钓鱼迷，不妨说"现在钓鱼不简单吧"或"一天能钓上一条草鱼就不错啦"等，如此纵然对方成绩不理想也不会难为情。因为这无疑是暗示对方，现在天气不佳，你能钓上一条鱼，也可称得上是高手了。

由于他是如此善解人意，大多数同事都乐于找他谈话，他不但不厌烦，还会给予精神上的支持，难怪会大受同事欢迎。他就是以"听话"增加与人的亲密感。

他在与人交谈时，完全扮演听众的角色，从不炫耀自己。比方谈到钓鱼，尽管他同样善于此道，但从来都是耐心听，从来不自吹自擂。

除了要专心倾听别人在现实生活中的光荣外，还要专心倾听别人未来的梦想。光荣与梦想，是人最在意的两件事。

张勇在平时经常描绘自己二十年后的样子：存一笔不大不小的钱，到湘西凤凰买幢房子，栽花、养马、劈柴、发呆，过无拘无束的生活。原来，去湘西是他少年时拥有的梦想，从沈从文的笔下，他对那片淳朴的土地产生了好奇。长大后去过几次，非常留恋那里的一草一木。去那里定居是他十几年的梦想，而这梦想埋藏在心底已久。只要谈到它，他的表情就熠熠发光，与平日指挥工作的样子截然不同，仿佛少年一般天真可爱。

有一次，他和以前一样在谈梦想时，来了一位醉客打断话题："湘西，湘西有……有什么了不起的……"这时他的脸色大变，露出可怕的眼神，结果俩人发生了冲突。对他来说，他绝对无法原谅嘲笑自己梦想的人。

梦想与光荣一样，神圣不可侵犯，没有任何东西能替代。平时忙于工作，而这梦想犹如强心剂，可为生活带来无比的希望，鼓励自己勇往直前。因此，对于别人的光荣与梦想，我们在倾听时要怀着专心与虔诚的态度。

把倾听当成学习

倾听是搞好人际关系的需要。不重视、不善于倾听就是不重视、不善于交流，而交流的一半就是用心倾听对方的谈话。不管你的口才有多好，你的话有多精彩，也要注意听听别人说些什么，看看别人有些什么反应。俗话说得好："会说的不如会听的。"也就是说：只有会听，才能真正会说；只有会听，才能更好地了解对方，促成有效的交流。尤其是和有真才实学的人一起交谈更要多听，不仅要多听，还要会听。所谓"听君一席话，胜读十年书"，大概也正是这个意思吧。

那么，是不是我们什么都不说，只一味地去听呢？当然不是。假如一句话都不说，别人即使不认为你是哑巴，也会认为你对谈话一点兴趣都没有，反应冷漠。这样会使对方觉得尴尬、扫兴，不愿再说下去。到底多说，好，还是少说好呢？这就要看交谈的内容和需要了。如果你的话有用，对方也感兴趣，当然可以多说；倘若你的话没有什么实质内容和作用，还是少说为佳。即使你对某个话题颇有兴趣和见解，也不要滔滔不绝，没完没了，更不要打断别人，抢话争讲，因为那样会招致对方厌烦，甚至破坏整个谈话气氛。

听话也有诀窍。当某人讲话时，有的人目光游离，心不在焉，看表、修指甲、打呵欠、打电话……这些小动作会给人一种轻视谈话者的感觉，让对方觉得你对他不满意，不愿再听下去，这样肯定会妨碍正常有效的交流。当然，所谓注意听也不是死盯着讲话者，而是适当地注视和有所表示。

给讲话人语言暗示，告诉他你在专心地听。对他所说的话感兴趣时，展露一下你的笑容；用"嗯、噢"等表示自己确实在听和鼓励对方说下去。或者是"明白了""再讲具体一点""然后怎么样了"等，注意！每一个暗示都要简短，但这足以使讲话人深受鼓舞。

提出问题。凭着你所提出的问题，让对方知道，你是仔细地在听他说话。而且通过提问，可使谈话更深入地进行下去。如："要如何才能改变这一现状呢？""如果不这样还有其他好的办法吗？"

要巧妙地表达你的意见，不要表示出或坚持明显与对方不合的意见，因为对方希望的是听的人"听"他说话，或希望听的人能设身处地地为他着想，而不是给他提意见。你可以配合对方的证据，提出你自己的意见，比如对方说完话时，你可以重复他说话的某个部分，或某个观点，这不仅证明你在注意他所讲的话，而且可以以下列的答话陈述你的意见。如："正如你指出的意见一样。""我完全赞成你的看法。"

在忠于对方所讲的话题的基础上，引导好话题的走向。无论你多么想把话题转到别的事情上去，达到你和他对话的预期目的，但你还是要等待对方讲完以后，再岔开他的话题。对方也许是一个不善表达的人，不是短话长说，就是说些与主题无关的话题，甚至连陈年往事也牵扯上了。这样的谈话枝叶太多，渐渐地就会脱离主题。因此听者此时须予以引导，使谈话重上轨道。这是听者的重要责任，也是听话技巧之一。记住，是引导而不是指导。

要听懂对方的意图，而不仅仅是话语。管理学大师彼得·杜拉克曾经说过："沟通就是倾听对方没有说出来的话。"因此，请细心体会说话人"话里话外"的意思，并且在抓住事实的同时感受他的情绪。

当一个话题告一段落，你要适时引入新的话题。人们喜欢从头到尾安静地听他说话，而且更喜欢被引出新的话题，以便能借机展示自己的价值。你可以试着在别人说话时，适时地加一句："你能不能再谈谈对某个问题的意见呢？"

如果我们把每一次倾听都当作学习的机会，即便谈论的话题一开始显得很无趣，也请紧跟说话人的思路。而在你学习的同时，你也会获得谈话人的好感与尊重。认真按照这些要求去做，你一定会成为一个成功的倾听者，成为一个拥有口才的高手！

第十三章
肢体语言：决定成败的魔力

　　一个无心的眼神，一个不经意的微笑，一个细微的动作，就能决定了你的成败——即使这是一次千万元级别的商务谈判。是的，那些被我们所忽视的微小的肢体语言，有着如此之大的魔力。正是这些微妙的肢体语言，决定了我们在与他人的交往中是掌控别人，还是为别人所掌控。

肢体语言的重要性

肢体语言是一种体现个人情感的外在表现形式。每一个手势或动作都有可能成为我们透视他人情感、情绪的关键线索。例如，一个秃顶或有秃顶趋势的男人会在无意中摸自己的头顶；一个认为自己大腿变粗了的女人则会不断整理下装，尽量使自己的裙子保持一种平滑下垂的状态。

著名的心理学家弗洛伊德曾经遇到过一个案例。案例中，一位女士告诉他，她的婚姻生活十分幸福。在谈话中，这位女士不断地将她的结婚戒指取下，然后又戴上。弗洛伊德注意到了她的这一无意识的小动作，他很清楚这意味着什么。所以，当有消息传来说她的婚姻出现问题时，弗洛伊德丝毫不感到惊讶，因为一切都在他的意料之中。

政治家永远是舆论关注的中心，他们的话里充满了模糊的外交词汇，或者声东击西的谎言。因此，探究他们的真实意图，是不少人甚至不少国家所热衷的。曾在牛津大学工作的心理学家彼得·科利特教授认为：政治家不同寻常的举动，尤其有揭示作用，甚至像握手这样简单的动作也会暗藏政治竞争的信息。

比如，当布什感到紧张有压力时，他就会咬嘴唇；而英国前首相布莱尔在表示同意时会上扬眉毛。科利特说，上扬的眉毛表示顺从，布莱尔通常用上扬的眉毛表示自己同意并很在意别人的意见，同时也表示自己并不构成威胁。而咬嘴唇的行为说明布什很紧张。这就是心理学家通常所说的情绪泄露。

科利特举例说，当布什 2001 年得知"9·11"恐怖袭击事件后，他咬嘴唇的反应是下意识的，也是十分明显的。另外在其他一些场合，布什也曾用这个小动作掩饰自己的焦虑。

科利特还分析了一些政要独有的肢体语言。例如，布什喜欢摆动双臂，用强有力的步伐展现他的阳刚之气。布莱尔则会在紧张时摆弄他左手的小拇指，在感到脆弱时会把手放进口袋，在受到威胁时通常会摸自己的胃部。科利特说，摸自己的胃部或后脑勺，是一种自我安慰的行为，就像母亲安抚她的孩子，足球运动员在输球时也会有这样的动作。

心理学家还用肢体语言解读了当时的布莱尔和被视为其接班人的财政大臣戈登·布朗（现已为英国首相）之间的微妙关系。当布莱尔备受关注并操控大权时，布朗看起来相当地不舒服。在英国工党的一次大会上，布朗甚至有多达 322 个小动作泄露了他这种不舒坦的心理。例如，他在布莱尔演讲期间摸自己的脸这一动作。

对于以上肢体语言解读，也许有人会不以为然。但实际上，从他国政府首脑的肢体语言中解读其隐含的意义，在很多国家已经列入了一项长期的情报工作。

肢体语言中隐藏着真实的重要的信息，能否准确解读就要看你个人的功力了。但有一点要提醒大家注意的是：千万不要看了几本关于肢体语言的书，就奉为圭臬，拿着书本按图索骥，比照别人的动作铁口直断。

微笑代表悦纳

蒙娜丽莎是一幅举世闻名的名画中的主人公，全世界无数人为蒙娜丽莎而迷醉。是蒙娜丽莎具有惊艳之美貌吗？不是，蒙娜丽莎姿色一般，她最令人痴狂的是她的微笑与眼神。蒙娜丽莎淡淡的微笑，和她似喜非喜、似忧非忧的眼神，流露出来的是人类普遍追求的亲切感，让人感到百看不厌。

《蒙娜丽莎》毕竟只是一幅画。她永远不会开口，谁也不知道她会说些什么。然而，她的微笑，她的眼神和表情却一直在不停地"说话"。

某对外贸易公司在和外商的合作中，出了一点纰漏，令外商大光其火，欲撕毁先前签订的合同。公司派了几拨人，欲挽回局势。但去的都被外商骂了回来，回来还要被老板骂，真是两头受气。老板就把这个任务交给了小李，小李很犯愁，去的话难以成功完成使命，不去的话更说不过去。结果还是去了。到了那里，果然迎来了外商暴风骤雨般地破口大骂。小李出门时就打定主意什么也不辩解，只是微笑，除了微笑还是微笑，只是嘴里附和着"噢？这样呀？是吗？真的很抱歉"，自始至终点着头微笑着。后来，那个外商似乎骂累了，小李说："大卫，你很善于表达你内心里的愤怒呀！"外商看了看一脸微笑的小李说："我们最讨厌做事不负责、不到位的情况，你们要保证下不为例！"就这样，别人没有完成的任务，小李完成了。而他的秘诀，好像就是微笑、微笑、再微笑。

微笑是一种国际语言，不用翻译，就能打动人们的心弦。微笑是盛开在人们脸上的一朵美丽的花，时时刻刻散发着迷人的芬芳。真正的微笑应发自内心，渗透着自己的情感，表里如一，毫无包装或矫饰的微笑才有感染力。

微笑可以表现出温馨、亲切的表情，能有效地缩短双方的距离，给对方留下美好的心理感受，从而形成融洽的沟通氛围。它能产生一种魅力，它可以使强硬者变得温柔，使困难变得容易。所以微笑是人际交往中的润滑剂，是广交朋友、化解矛盾的有效手段。

西班牙一士兵在战争中被俘虏，关在监狱并将在次日中午被枪毙。在恐惧无助之中，这个俘虏向看守监狱的敌军士兵投去了一个友好的微笑，迎得了对方的亲近，从需要点香烟借个火到在惴惴不安中提及"孩子"这个温暖的话题，一下便触动了因战争而冷漠的面孔下那颗原本柔软的心。最后，那个看守监狱的士兵冒着极大的危险，将西班牙士兵偷偷放出并护送到城外。

微笑是一种接纳，而不会展示微笑的人，身上好像在传送一条信息："烦着呢！别靠近我。"这样有谁愿意同他接近呢？

史汀生是美国一家小有名气的公司总裁，他还很年轻，几乎具备成功男人应该具有的所有优点。与他深交的人都因此感到自豪。但初次见到他的人却对他少有好感，这令人大为吃惊，为什么呢？因为他没有笑容。他深沉严峻，紧闭嘴唇和紧咬牙关。公司的女员工见了他畏如虎豹；男员工对他的支持与认同也不是很多。而事实上他缺少一样东西，一样足以致命的东西：一副动人的微笑面孔。

作为非语言的沟通工具，微笑的沟通效率有时甚至比说话还好使，还管用。当你微笑着听某人说话时，突然听到了你所不愿意听到的话，你并不想继续听下去，这时你可以立即让微笑中断，以此来传递你的信息：对于这个话题，我不感兴趣，不愿意深谈。很多语言大师认为：当他人有事托你办，而你想拒绝却不想直接开口时，只需要让微笑中断就基本能让对方知难而退。

有点遗憾的是，在现实生活中，大多数人很注意自己的外在形象。出门时要对着镜子特意打扮一番，看衣服是否合身、领带是否平整、头发是否有型、化妆是否恰到好处，唯恐粗俗的衣着和不雅的妆饰影响自己的形象，却往往忽略了脸上是否带着微笑。

5 月 8 日是"世界微笑日"，也许你并不知道。这不怎么要紧，要紧的是，每天出门前，你都要记得：带上你的微笑。

视线相接的讲究

只有具备眼神交流的情况下，人与人才能建立起流畅的沟通渠道。

与别人谈话时，有些人令我们感觉自在，有些人却不然，甚至似乎不值得信赖。这主要和他们说话时注视我们或正视我们视线的时间长短有关。某人不诚实或有所隐瞒时，其眼睛和你的眼睛视线相接的时间少于1/3。

研究指出，当 A 喜欢 B 时，会经常凝望B，让 B 知道 A 喜欢他，期盼 B 因而喜欢 A。换句话说，为了建立和谐的人际关系，和别人谈话时，你的视线应该和他的视线相接 60% 到 70% 的时间。因此紧张胆怯的人，他正视你眼睛的时间低于 1/3，令人无法信赖。谈判时，应避免戴深色眼镜，因为会使别人感到你在瞪他们。

和大部分肢体语言的动作一样，凝视说话对象的时间长短也是由文化决定的。南欧人的凝视时间较长，因而显得具有侵略性；日本人谈话时，则注意谈话对象的颈部而非脸部。在下结论时，务必考虑文化背景。

视线相接的时间长短值得注意，你所注视的范围也很重要，因为这也影响到谈判结论。这些信号透过无言的传递和接收，对方很可能会自行加以解释。要花约 30 天有意识的练习才能熟练应用下列的眼部动作，增进你的沟通技巧。

1. 商谈视线

商业会谈中，请你想象对方的额头和双眼之间有一块正三角形区域。你的视线直视这个区域，会产生一种严肃的气氛，对方会感到你正经的在谈生意。假如你的视线不下降到对方眼睛以下的位置，你就能够继续控制彼此的互动关系。

2. 社交视线

视线下降到对方的眼睛以下时，社交气氛便会产生。实验显示在社交场合中，一般人会注视对方双眼和嘴巴之间形成的倒三角形区域。

3. 亲密视线

亲密视线越过双眼往下经过下巴到对方身体其他部位。近距离时，在双眼和胸部之间形成三角形；距离遥远时，则由双眼到下腹部。男人和女人使用亲密视线表示对异性的兴趣，而被注视的异性若也感兴趣，则立即回报亲密眼神。

4. 斜视

斜眼看人表示兴趣或敌意。和挑高的眉毛或微笑一起出现时，表达兴趣而常被使用为求爱信号。但是和下垂的眉毛、皱眉头、下垂的嘴角一起出现时，则表示怀疑、敌意或批评。

视线投注的方式对会面的结果有重要影响。假如你是经理，正要责备懒惰的员工，你会采取哪一种视线呢？假如你使用社交视线，不管你听起来音量多大或多具威胁性，员工还是不会把你的指责当真。社交视线会抵消言语中的严厉成分，而亲密视线则会激怒员工或令他感到尴尬。此时，你适合采用商谈视线，因为它对信息接收者有重大影响，且让他知道你很认真，不是在开玩笑。

女人有一种眼神，男人描述为"来吧"，多半是结合了偷窥和亲密视线。假如想缓慢发展与异性之间的关系，只要避免使用亲密视线而改用社交视线就可以。在求爱时，使用商谈视线别人会认为自己冷淡或不友善，而用亲密视线来对待异性，也会因操之过急而出局。女人是传送和接收这类视线的专家，不幸的是，大部分男人都不是个中好手。男人通常会很明显地使用亲密视线，然而却对异性送来的秋波毫无所觉，使对方懊恼不已。

握手礼节与注意事项

握手，我们生活中司空见惯的一件事。但握手虽动作简单，要握出水准还真有很多门道。握手的力量、姿势与时间的长短，往往能够表达出不同礼遇与态度，显露自己的个性，给人留下不同的印象。通过握手我们也可了解对方的个性，从而赢得交际的主动。美国著名盲聋女作家海伦·凯勒曾写道，手能拒人千里之外，也可充满阳光，让你感到很温暖。事实也确实如此，因为握手是一种语言，是一种无声的动作语言。

通常与人初次见面、熟人久别重逢、告辞或送行均以握手表示自己的善意，因为这是最常见的一种见面礼、告别礼。有时在一些特殊场合，如向人表示祝贺、感谢或慰问时，双方交谈中出现了令人满意的共同点时，或双方原先的矛盾出现了某种良好的转机或彻底和解时，习惯上也以握手为礼。

在一般情况下，主人、长辈、上司、女士主动伸出手，客人、晚辈、下属、男士再相迎握手。

长辈与晚辈之间，长辈伸手后，晚辈才能伸手相握；上下级之间，上级伸手后，下级才能接握；主人与客人之间，主人宜主动伸手；男女之间，女方伸出手后，男方才能伸手相握；如果男性年长，是女性的父辈年龄，在一般的社交场合中仍以女性先伸手为主，除非男性已是祖辈年龄，或女性未成年在 20 岁以下，则男性的长者先伸手是适宜的。但无论什么人，如果他忽略了握手礼的先后次序而已经伸出了手，对方都应不迟疑地回握。

　　握手时应伸出右手，不能伸出左手与人相握。如果你是左撇子，握手时也一定要用右手。当然如果你右手受伤了，那就不妨声明一下。戴着手套握手是失礼行为，一般情况下，男士在握手前先脱下手套，摘下帽子，女士可以例外。当然在严寒的室外有时可以不脱，比如双方都戴着手套、帽子，这时一般也应先说声："对不起"。握手者双目注视对方，微笑，问候，致意，不要看第三者或显得心不在焉。

　　在人际交往中，当介绍人完成介绍任务之后，被介绍的双方第一个动作就是相互握手致意。握手的时候，眼睛一定要注视对方的眼睛，传达出你的诚意和自信，千万不要一边握手一边东张西望，或者跟这个人握手还没完，就将目光移至下一个人身上，这样别人从你眼神里读到的将是轻视或慌乱。那么是不是注视的时间越长越好呢？并非如此，握手只需几秒钟即可，双方手一松开，目光即可转移。

　　握手的力度要掌握好，握得太轻了，对方会觉得你在敷衍他；太重了，人家不但没感到你的热情，反而会觉得你是个大老粗，女士尤其不要把手扭扭捏捏地递过去，又飞快地收回来，显得不甘心不情愿的样子，既然伸出了手，就应大大方方地握。

　　如果要表示自己的真诚和热烈，也可较长时间握手，并上下摇晃几下。在一般交往中，不要用双手抓住对方的手上下摇动，那样显得太恭谦，使自己的地位无形中降低了，完全失去了一个人的风度。

　　被介绍之后，最好不要立即主动伸手。年轻者、职务低者被介绍给年长者、职务高者时，应根据年长者、职务高者的反应行事，即当年长者、职务高者用点头致意代替握手时，年轻者、职务低者也应随之点头致意。和女性握手，一般男士不要先伸手。

多人相见时，注意不要交叉握手，也就是当两人握手时，第三者不要把胳膊从上面架过去，急着和另外的人握手。

在任何情况下，拒绝对方主动要求握手的举动都是无礼的，但手上有水或不干净时应谢绝握手，同时必须解释清楚并致歉。

手势是广泛的肢体语言

在都德的短篇小说《最后一课》中，有一段感人肺腑的描写——

韩麦尔先生站起来，脸色惨白，我觉得他从来没有这么高大。

"我的朋友们啊，"他说，"我，我……"

但是他哽住了，他说不下去了。

他转身朝着黑板，拿起一支粉笔，使出全身的力量，写了几个大字：

"法兰西万岁！"

然后他待在那儿，头靠着墙壁，话也不说，只向我们做了一个手势："散学了，——你们走吧。"这篇小说描写的是 19 世纪的一个法国小学生弗朗士和乡村教师韩麦尔的故事。故事的背景是法国在普法战争中失败，以沦陷了的阿尔萨斯的一个小学校被迫改学德文的事为题材，通过描写最后一堂法文课的情景，反映了法国人民深厚的爱国感情。在这部小说中，都德笔下的乡村教师韩麦尔用有声的语言与无声的语言，"说"出了他内心的痛苦、怒火、坚定与决心。试想，如果韩麦尔没有运用手势等一些肢体语言，仅仅是通过口头的控诉与倾诉，怎么也达不到传递如此复杂而又透彻的感情的目的。

手势是肢体语言中运用最广泛的一种。如果我们留心名人们的说话或演讲，就会发现在他们身上有一个共同的特点：说话或演讲过程中总是伴随着丰富而多彩的手势。千万别小看这些动作，它对增加讲话的精彩和力度，催化讲话的投入和发挥有着无法替代的作用。手势是声音语言很有力的补充甚至替代。宣传家雅罗斯拉夫斯基曾说："演讲者的手势自然是用来补充说明演讲者的观点、情感与感受的。"其实，演讲如此，其他场合的说话又何尝不是如此？因此，手势既可以引起听众注意，又可以把思想、意念和情感表达得更充分、更生动、更形象，从而给听众留下更深刻、更鲜明的印象和记忆。

然而，在很多场合，我们还是会看到一些人对于手势的忽视。例如，有的演讲者，从一上台到结束两手始终下垂于裤线，一直保持着立正的姿势；有的演讲者像害羞的小姑娘，总是捏掰着自己的小手指；还有的演讲者，好不容易伸出手来，可是感觉很别扭。而在一般的闲聊中，我们也能看到类似的情形。这一点，应该引起有志于提高自己口才的人注意。

急剧而有力的手势，可以帮助演讲者升华感情；稳妥而含蓄的手势，可以帮助演讲者表明心迹。手势贵在自然，切忌做作；贵在协调，切忌脱节；贵在精简，切忌泛滥；贵在变化，切忌死板；贵在通盘考虑，切忌前紧后松或前松后紧。

手势在说话或演讲中，没有什么固定模式来遵循，完全是由演讲者的性格和演讲的内容以及演讲者当时的情绪支配的。要做到因人而异，随讲而变。不过，手势挥动的高度却有个约定俗成的范围。按说话者的身材可分上、中、下三个部位。上位，是从肩部以上，一般来说，常用在说话者感情激越，或大声疾呼、发出号召、进行声讨，或强调内容、展示前景、指出未来的时候；中位，即从腹部至肩部，常是心绪平稳，叙述事实，说明情况、阐述理由的时候运用；下位，即在腹部以下，这个部位的手势除指示方位、列举数目以外，多用于表达厌恶、鄙视、不快和不屑一顾的情感，或介绍、评说反面的事物。至于手势在细节上的具体运用，本书限于篇幅不多做讲解，有心的朋友可以找一些相关的资料来学习与充实。

摈弃不得体肢体语言

不得体的肢体语言，如同不得体的言辞，惹人不快乃至愤怒。相对来说，话说错了我们容易发觉一些，肢体的"语言"错了，要发现却难很多。明明你是好心和他谈一件什么事情，但他就是不领情，和你对着干。是话说错了吗？表达方式不对？一般人都会朝这些方面想，但真实原因还有可能是你的肢体语言让他感到了不快，他不愿说出来，就以这种"顶牛"的方式以示抗议。

肢体语言就像人身上不雅的化装，自己很难发现。即使是对着镜子，你也不一定会发现它们是那么不得体——你还以为那样子会很酷、很帅、很优雅……

下面，我们将指出肢体语言的使用中有哪些不得体的方式。

逃避眼神接触。在一对一的谈话中，你是盯着一旁、脚下或前面的桌子看吗？你从未看过聊天对象肩膀以上的部位吗？在人多的场合演讲，你的目光是否总是盯着讲演稿？

如果你的回答是，那么说明你缺乏自信心。而一个不自信的人，怎么能让其他人来相信？

眼睛是心灵的窗户，在和人交流时，很多信息是通过眼神来交流的。互相不"对眼"，怎么会让沟通高效？再说，一个眼神躲闪的人，还容易被人误会：是不是心里有鬼？是不是不尊重我？……

与陌生人初次交谈，视线落在对方的鼻部是最令人舒服的，直接注视对方眼睛的时间反而不宜过久，因为长时间凝视对方会令人不自在。当然，如果完全不注视对方的眼睛，会被认为是自高自大、傲慢无礼的表现，或者被认为试图去掩饰什么。所以，学会察言观色是非常重要的。当你盯着对方双眼看时，发现对方在谈话时目光从专注变得游移，这就说明对方可能因为你的注视而觉得不太自在了，这时不如就将视线移到对方的鼻部或者嘴部。

双臂交叉抱胸。早在远古时代，双臂紧紧交叉抱于胸前，这个动作有保护自己、防备危险的意思。现在，交谈习惯保持这个动作的，在我们身边也比较常见。双臂交叉抱胸，对于本人来说也许很惬意，不过传递给对方的是轻佻、冷漠、防备、拒绝等负面信息。当然，这种动作一般是发生在非正式的交谈中。比如，街边偶遇友人的谈话，或靠在沙发上的闲聊。我们前面说过，我们绝大部分的话都是用在闲聊上，闲聊不但同样需要高超的口才，而且还是一个最佳的"练兵"场所。你在无数的闲聊中，提高了自己的口才，养成了良好的习惯，这样才有"用兵一时"的胜算。

多动。频繁打电话，发短信，把玩手中小物件，坐立不安，摇摆或晃动。这些动作虽小，但给人的厌恶程度不小。你不妨和别人作一个换位思考，你愿意在与别人谈话时别人这样子做吗？在必须打接电话时，你应该向对方道歉，请求暂停。电话要长话短说，打完后最好再次致歉。至于重要的场合，关掉手机是一种必需的礼仪。坐立不安，摇摆或晃动之类的小动作，有失一个人庄重，也暗示别人自己觉得很无聊。

把手放在口袋中。把手拘谨地放在身体两侧或塞在口袋里给人的印象是——你提不起兴趣，不想参与，不论你到底是或不是。解决它的办法很简单：从口袋里拿出你的手，做些有决心的、果断的手势。